du

Bouddhisme

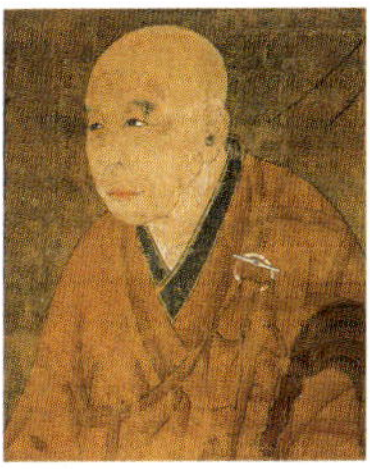

Hélène Bayou
Amina Okada
Bérénice Geoffroy-Schneiter

Flammarion

S O M M

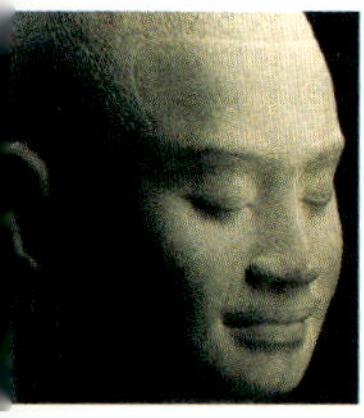

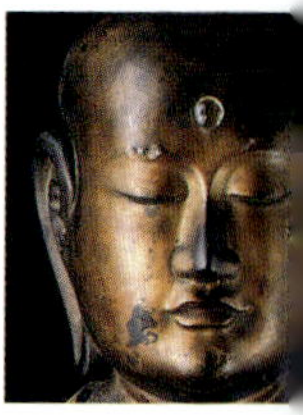

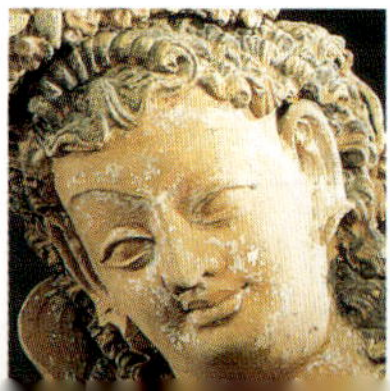

L'abécédaire

Il se compose des notices suivantes, classées par ordre alphabétique.
À chacune d'elles est associée une couleur qui indique sa nature :

Les fondements de la doctrine

Ahimsâ
Amitâbha
Ânanda
Arhat
Ascèse
Avalokiteshvara
Bodhisattva
Buddha
Chan
Deva
Dharma
Enfers
Éveil
Hînayâna
Jâtaka
Karman
Kâshyapa
Lakshana
Lokapâla
Mahâyâna
Maitreya
Mantra
Mâra
Méditation
Nâga
Nirvâna
Pâli
Paradis
Prajnâ
Reliques (culte des)
Roue de la Loi
Samsâra
Sangha
Sûtra
Tantrisme
Târâ
Upanishad
Vacuité
Vajra

Le contexte historique

Ashoka
Bodhidharma
Dalaï-lama
Jaïnisme
Jizô
Monastères
Nonnes
Pèlerinage
Sectes
Shintoïsme
Shôtoku Taishi
Soie (route de la)
Védisme et Brahmanisme

L'expression d'une civilisation

Ajantâ
Angkor
Bâmiyân
Borobudur
Cavernes
Culte (objets de)
Dunhuang
Gandhâra
Longmen
Mandala
Nara
Pagan
Pagode
Portrait
Représentations
Sârnâth
Stûpa
Thangka

Au fil de ces notices, et grâce aux renvois signalés par les astérisques,
le lecteur voyage comme il lui plaît dans l'abécédaire.

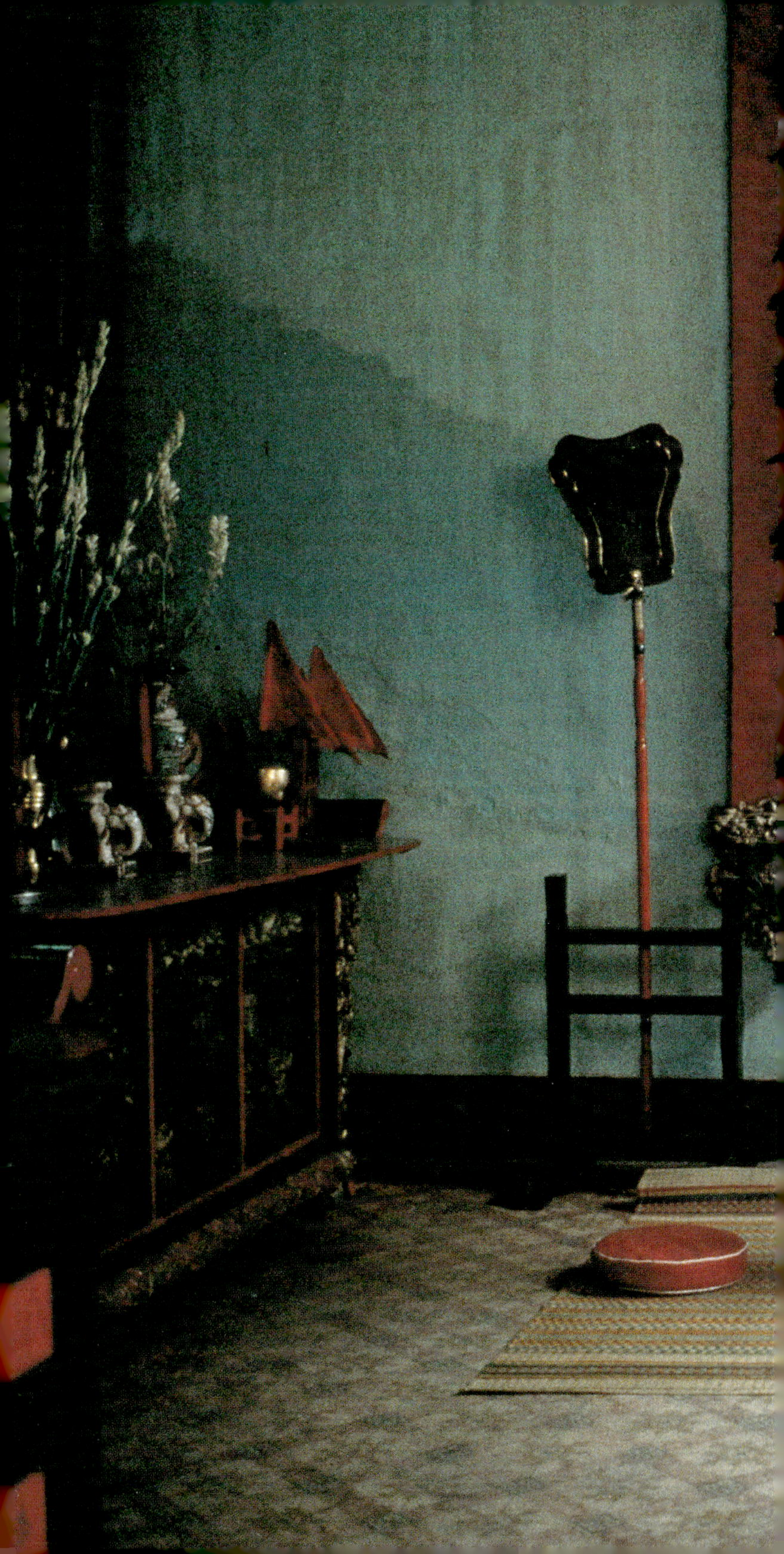

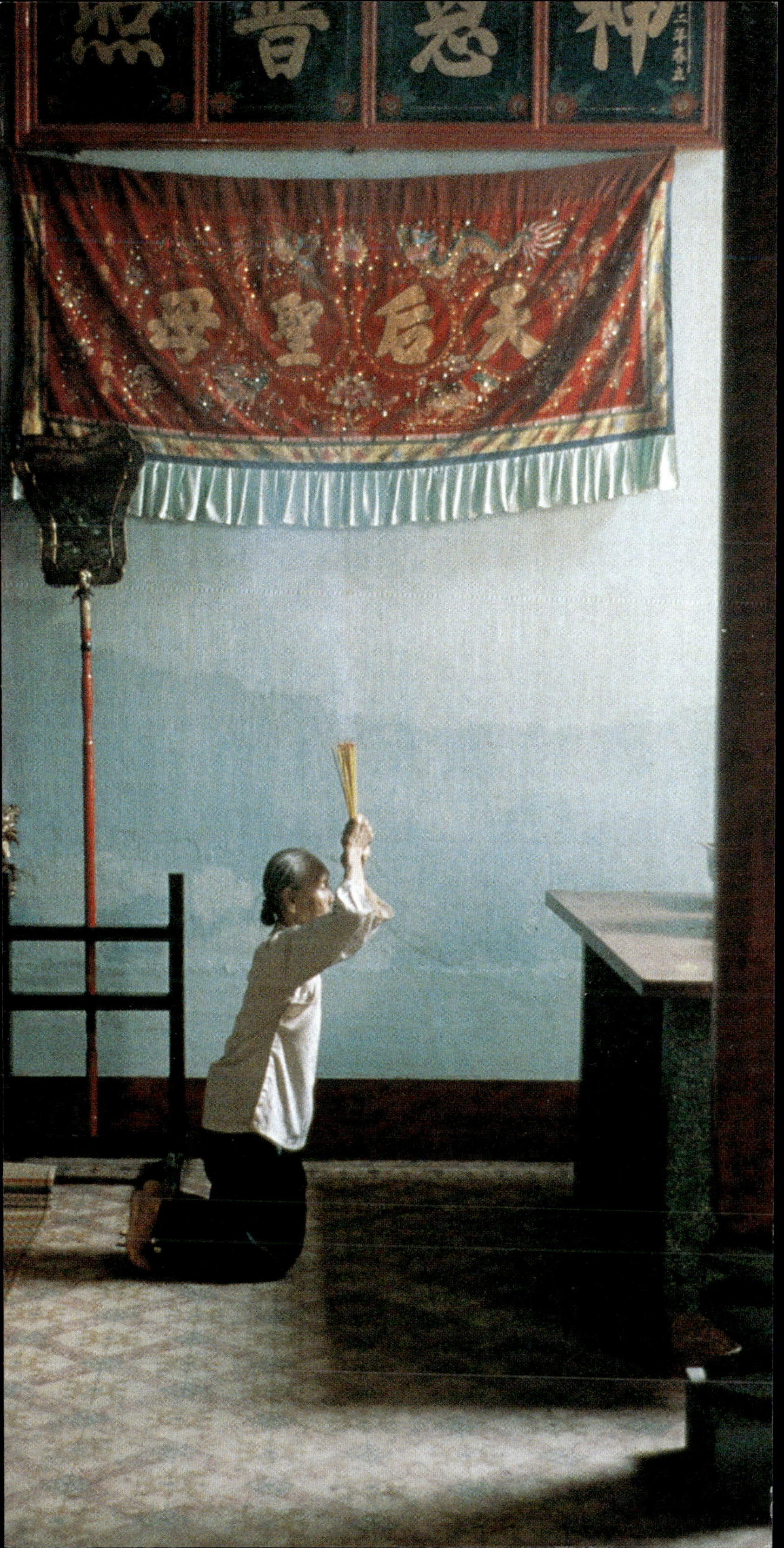
天后聖母

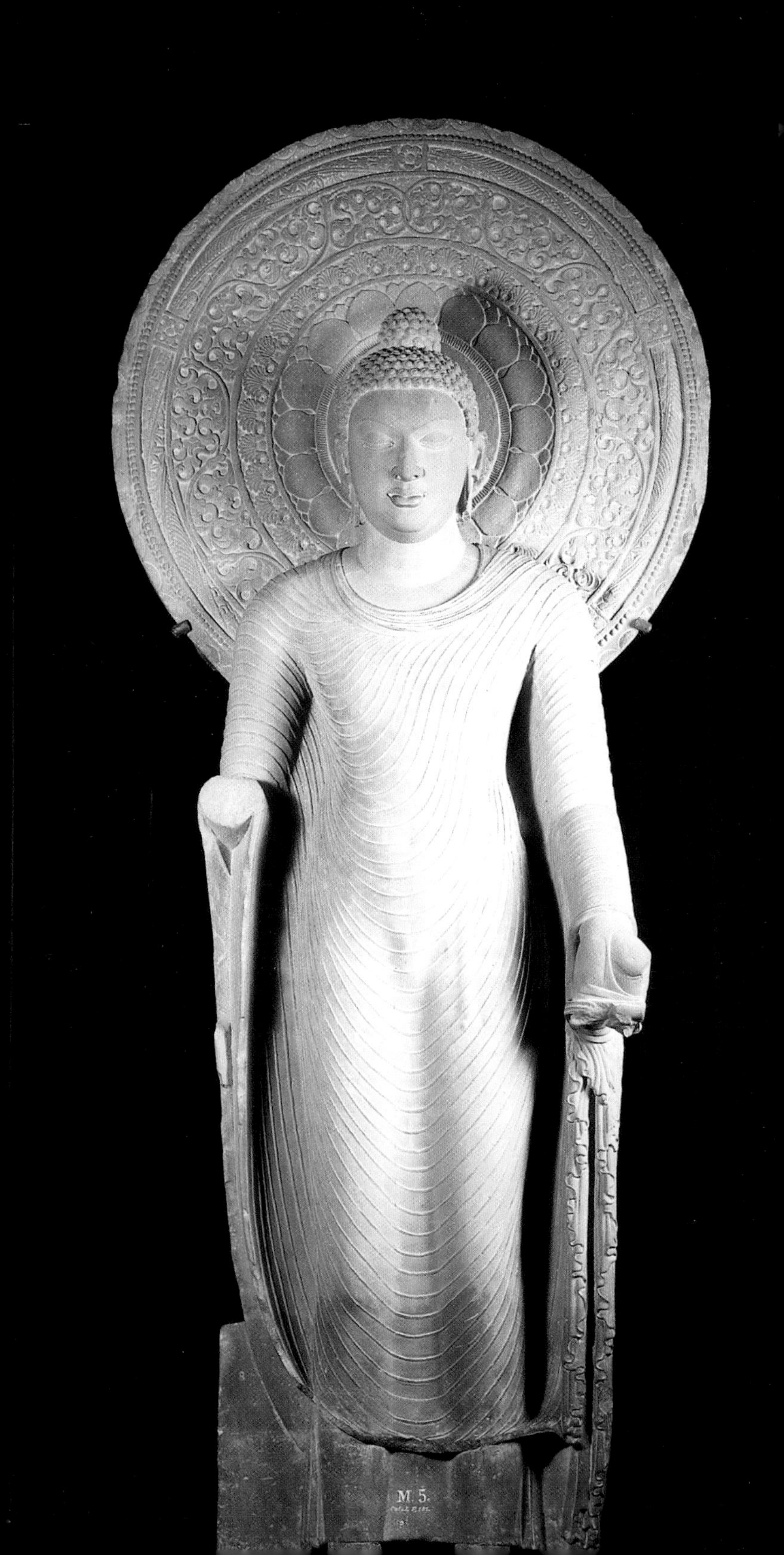
M. 5.

LE BOUDDHISME RACONTÉ

Force est de reconnaître que l'on ne sait pour ainsi dire rien de l'existence historique de l'une des figures les plus nobles et les plus remarquables de l'histoire de l'humanité : celui que ses disciples appelaient avec révérence Buddha*, « l'Éveillé », mais que les Écritures bouddhiques désignent également du nom de Shâkyamuni, « le Sage des Shâkya », de Bhagavat, « le Bienheureux », ou encore de Tathâgata, « Celui qui est venu à la réalité ». À travers le voile opaque et presque impénétrable de la Légende dorée bouddhique – lentement élaborée au fil des siècles et des textes canoniques, tissée de faits prodigieux, de miracles et de scènes légendaires –, se dessine néanmoins, comme en filigrane et réduite à ses traits essentiels, la silhouette d'un être d'exception, dont la pensée devait modifier à jamais le paysage moral, philosophique et religieux de l'Inde et de l'Asie des moussons.

ENTRE MYTHE ET RÉALITÉ : LA FIGURE DE BUDDHA

Quels éléments véridiques, ou simplement vraisemblables, pouvons-nous déceler aujourd'hui à travers l'aura hagiographique et légendaire dont la dévotion populaire eut tôt fait de nimber, dès après sa mort – dont la date elle-même est incertaine –, la personne et la vie du Buddha ? Que Siddhârtha Gautama naquit vers le milieu du VIe siècle avant notre ère – ou, plus vraisemblablement, selon de récentes recherches, dans la première moitié du Ve siècle avant notre ère – à Kapilavastu (sur le site actuel de Piprahwa, au sud de la frontière indo-népalaise). Qu'il appartenait à la caste des *kshatriya*, nobles et guerriers, et au clan des Shâkya, tribu d'infime importance dont seules les sources bouddhiques, du reste, mentionnent l'existence. Qu'à la suite de cruelles épreuves, deuil ou chagrin insurmontable, il résolut, jeune encore et bien qu'un fils lui fût né, de quitter les siens et de mener la vie précaire, austère et vagabonde d'un religieux errant, cherchant, à l'instar de maints ascètes et renonçants brahmaniques, sur les routes poudreuses de l'Inde et au cœur de ses forêts profondes, la réponse à l'obsédante question qui lui rongeait l'âme : comment vivre et à quoi bon vivre quand « tout est douleur » (*sarvam duhkham*) ? Car la fatalité de la douleur, inhérente à toute existence et dont l'origine naît du désir irrépressible de plaisirs toujours trompeurs et passagers, constitue le point de départ de la quête spirituelle de Siddhârtha, de même qu'elle constituera la clef de voûte de la doctrine bouddhique.

Durant plusieurs années, l'ascète Siddhârtha chercha le moyen d'échapper définitivement aux souffrances et aux peines qui sont le

Buddha, Mathurâ, Ve siècle. Mathurâ, Archæological Museum.

corollaire inévitable et terrible de l'existence, laquelle est assujettie à la loi du *karman**, ou rétribution des actes commis dans la vie présente et dans les existences précédentes, tout comme elle est prise dans les rets inextricables du *samsâra**, le cycle sans fin des renaissances et des transmigrations. Cheminant sur l'âpre voie de la connaissance et du salut, il suivit les enseignements de divers maîtres, enseignements qu'il rejeta et condamna comme étant nocifs ou vains, et c'est seul – au terme d'une nuit de méditation*, si l'on en croit la tradition – qu'il découvrit la réponse aux interrogations essentielles qui le hantaient. Ayant dès lors atteint l'Éveil* – éveil à la Vérité suprême, à la connaissance de la réalité de la douleur, de l'origine de la douleur, de la cessation de la douleur et de la voie menant à la cessation de la douleur –, il élabora une doctrine nouvelle qui entraîna l'adhésion de nombreux disciples et qu'il prêcha tout au long des quelque quarante années qui lui restaient à vivre, voyageant sans relâche à travers les villes et les villages des anciens royaumes gangétiques du Magadha et du Kosala (dans l'actuel État du Bihâr), et s'éteignant à un âge avancé (vers quatre-vingts ans ?), à proximité de l'humble bourgade de Kushinagara.

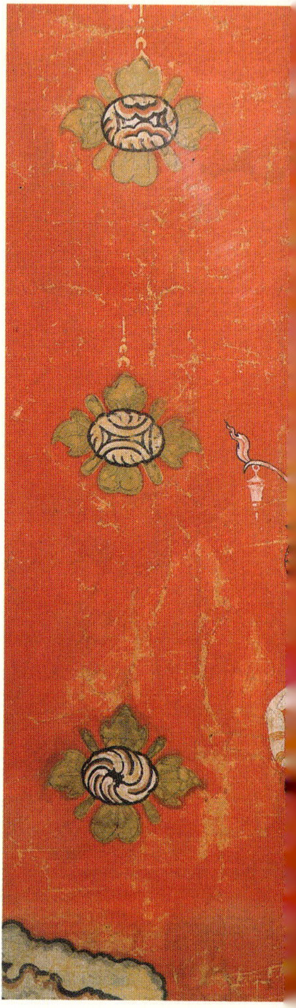

NAISSANCE D'UNE LITTÉRATURE CANONIQUE

Le Buddha était mort sans avoir fixé par écrit les fondements de sa doctrine. Il incomba donc à ses disciples de réunir les paroles et les sermons prononcés par le Bienheureux de son vivant et de les mettre par écrit. Naquit ainsi une littérature canonique d'une ampleur considérable, œuvre collective et anonyme élaborée sur près de cinq siècles. À la mort du Bienheureux, ses anciens compagnons avaient souhaité mettre en commun ce qu'ils savaient de l'enseignement du Maître et réfléchir à l'avenir de la communauté monastique (*san-*

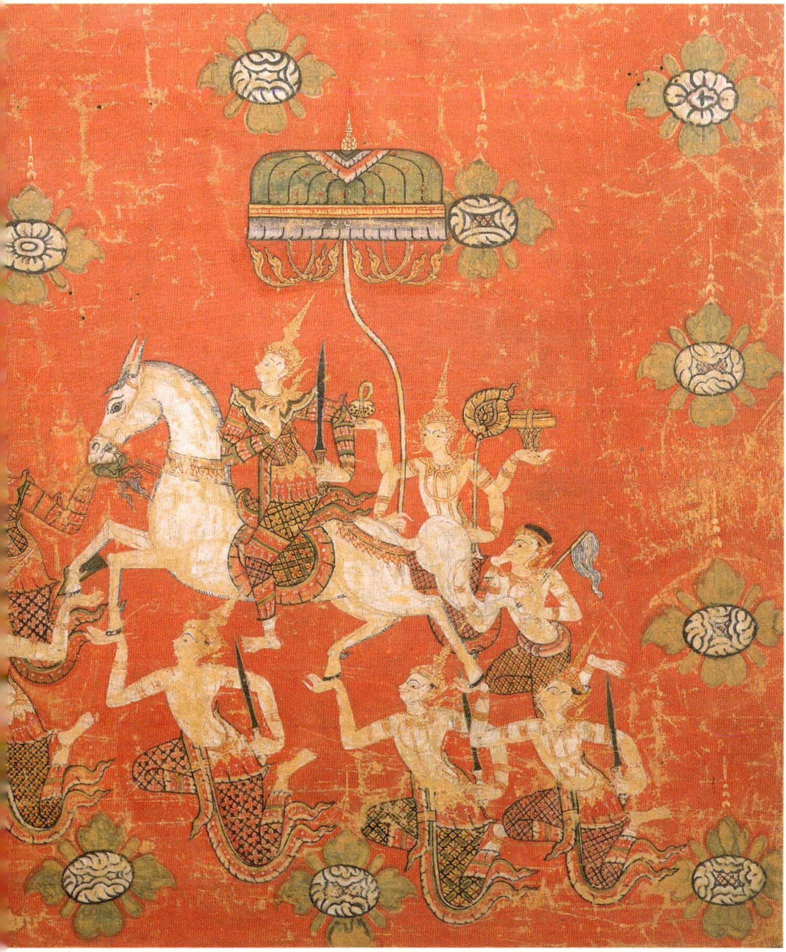

Le Grand Départ, Thaïlande, seconde moitié du XIXe siècle. Gouache sur toile. Paris, musée Guimet.

*gha**), désormais privée de chef. La tenue d'un premier concile, à Râjagriha, fut décidée : là, furent codifiées les règles de la discipline monastique (*Vinaya Pitaka*), tandis que le plus fidèle disciple du Buddha, Ânanda*, énonça les *Sutta Pitaka*, ensemble des sermons du Bienheureux relatifs aux questions de doctrine et de morale. Près d'un siècle plus tard, un deuxième concile se tint à Vaishâlî. Enfin, sous le règne de l'empereur maurya Ashoka* (vers 272-231 avant notre ère), un troisième concile fut réuni à Pâtaliputra, durant lequel apparurent d'importantes divergences et dissensions doctrinales au sein de la communauté des moines. Ces dernières eurent pour conséquence l'apparition et la prolifération de nombreuses écoles et sectes* qui ont contribué à modifier notablement le visage du bouddhisme originel.

C'est du reste avec l'avènement au pouvoir de l'empereur Ashoka – qui, au terme de la sanglante annexion du Kalinga, s'était converti au bouddhisme – que la doctrine du Bienheureux commença à rayonner dans toutes les régions de l'Inde et à gagner également les contrées alentour. À l'issue du concile de Pâtaliputra, il avait été décidé d'envoyer des missionnaires bouddhistes au Kâshmir, au Gandhâra* et dans les satrapies indo-grecques de Bactriane, mais aussi au Gujarât, dans le Deccan et jusqu'à Ceylan (contrée qui fut évangélisée par Mahinda, le fils ou le frère d'Ashoka), puis, sans doute, jusqu'en Birmanie.

Une religion missionnaire

Religion missionnaire – c'est un devoir de faire à autrui le don de la Loi prêchée par le Bienheureux – le bouddhisme se diffusa progressivement dans toute l'Asie. À Ceylan, où fut élaboré le Canon pâli, il devint la religion officielle de l'île, comme en Birmanie, dès le XIe siècle. La Thaïlande, le Cambodge, le Laos embrassèrent de même la foi bouddhique. Si l'Indonésie appartint longtemps à la sphère d'expansion bouddhique, l'implantation de l'islam, au XIVe siècle, y eut raison du bouddhisme comme, du reste, de l'hindouisme. En Inde même, où le bouddhisme avait, au fil des siècles, subi d'importantes transformations, les invasions musulmanes, jointes au développement du shivaïsme et du vishnouisme, contribuèrent inexorablement au déclin, puis à la disparition quasi totale de la Doctrine du Bienheureux sur la terre où elle était née. Dès le VIIIe siècle, mais surtout vers l'extrême fin du XIIe siècle, les destructions massives des monastères* et des grandes universités bouddhiques (Vikramashîla, Nâlandâ), conséquence de l'expansion musulmane dans le Nord de l'Inde, portèrent un coup fatal au bouddhisme indien, contraignant de nombreux moines et religieux à trouver refuge au Népal, en Birmanie ou au Cambodge.

Loin de se limiter aux terres de l'Asie méridionale, l'activité missionnaire de la communauté bouddhique se déploya également jusqu'aux confins nord-ouest de l'Inde, et, de là, vers l'Extrême-Orient. Au cours de ce mouvement d'expansion, modulé par les évolutions théoriques de la doctrine elle-même, la pensée bouddhique suscita au sein des civilisations diverses qu'elle imprégna, déjà porteuses de systèmes religieux et philosophiques parfaitement constitués, l'éclosion de formes d'expression littéraire, artistique ou même politique particulièrement originales et fécondes. Le Gandhâra, région couvrant le Nord-Ouest de l'Inde, le Nord du Pakistan et le

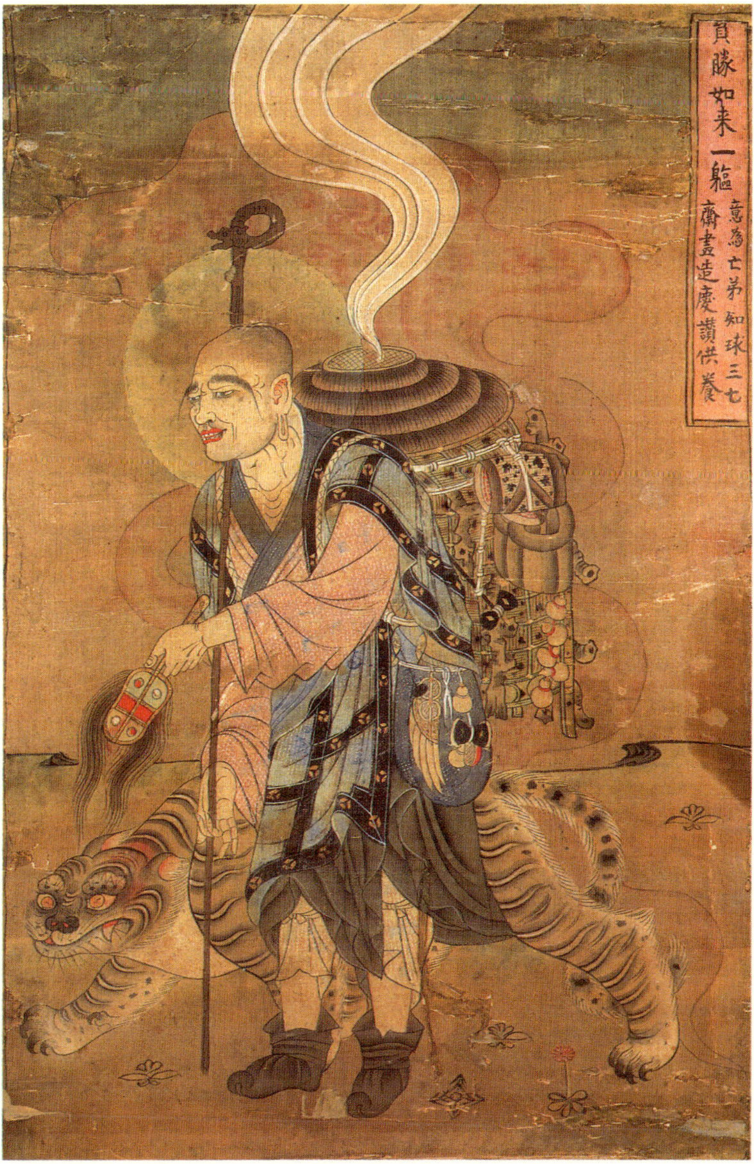

Pèlerin accompagné d'un tigre, Dunhuang, VIIIe-IXe siècle. Peinture sur soie. Paris, musée Guimet.

Nord-Est de l'Afghanistan, est à ce titre exemplaire : l'introduction du bouddhisme dès avant le règne d'Ashoka dans ce royaume indo-grec, passé sous la domination des Kushân aux alentours de notre ère, favorisa l'émergence d'une césure dans l'histoire de l'art bouddhique, puisque c'est là que certaines des premières images du Buddha se firent jour, sculptées dans le schiste, modelées dans l'argile ou le stuc. Images constitutives d'une école dite parfois

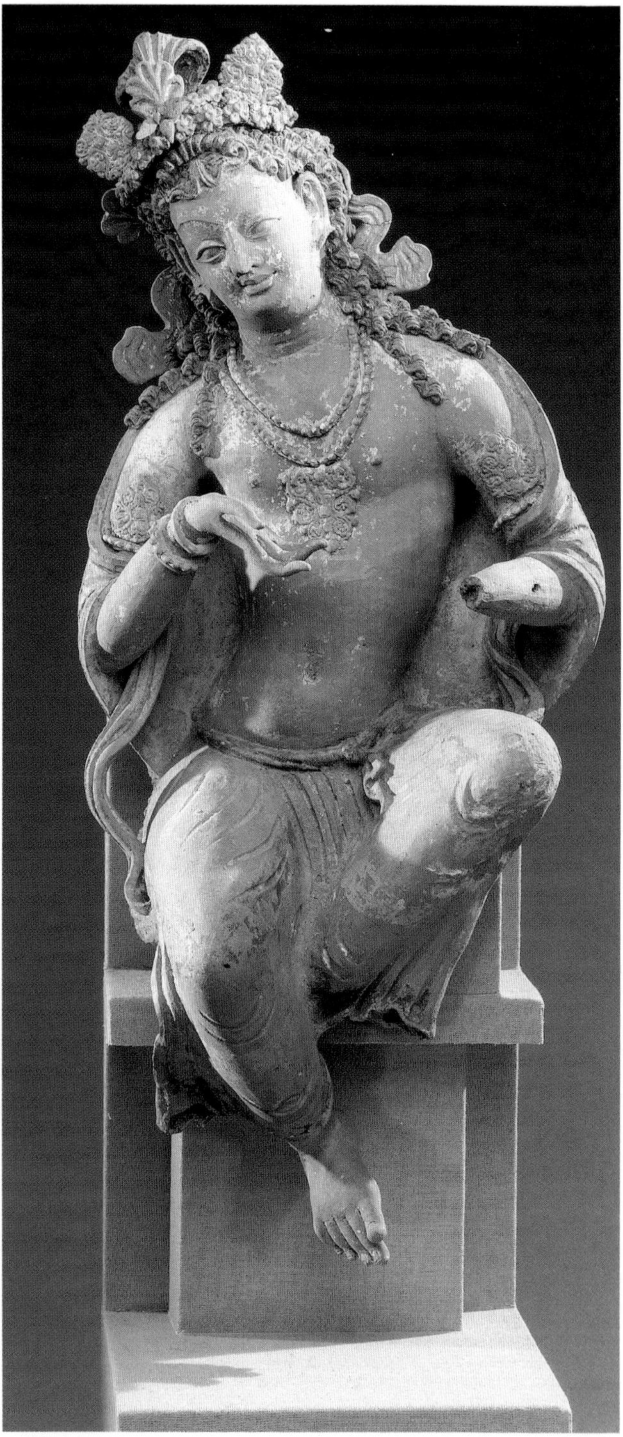

Devatâ,
Fondukistan,
VIIe-VIIIe siècle.
Terre crue,
modelée et
peinte. Paris,
musée Guimet.

Bodhisattva,
Chine, fin
du XIIIe siècle
(époque Yuan).
Porcelaine.
Paris,
musée Guimet.

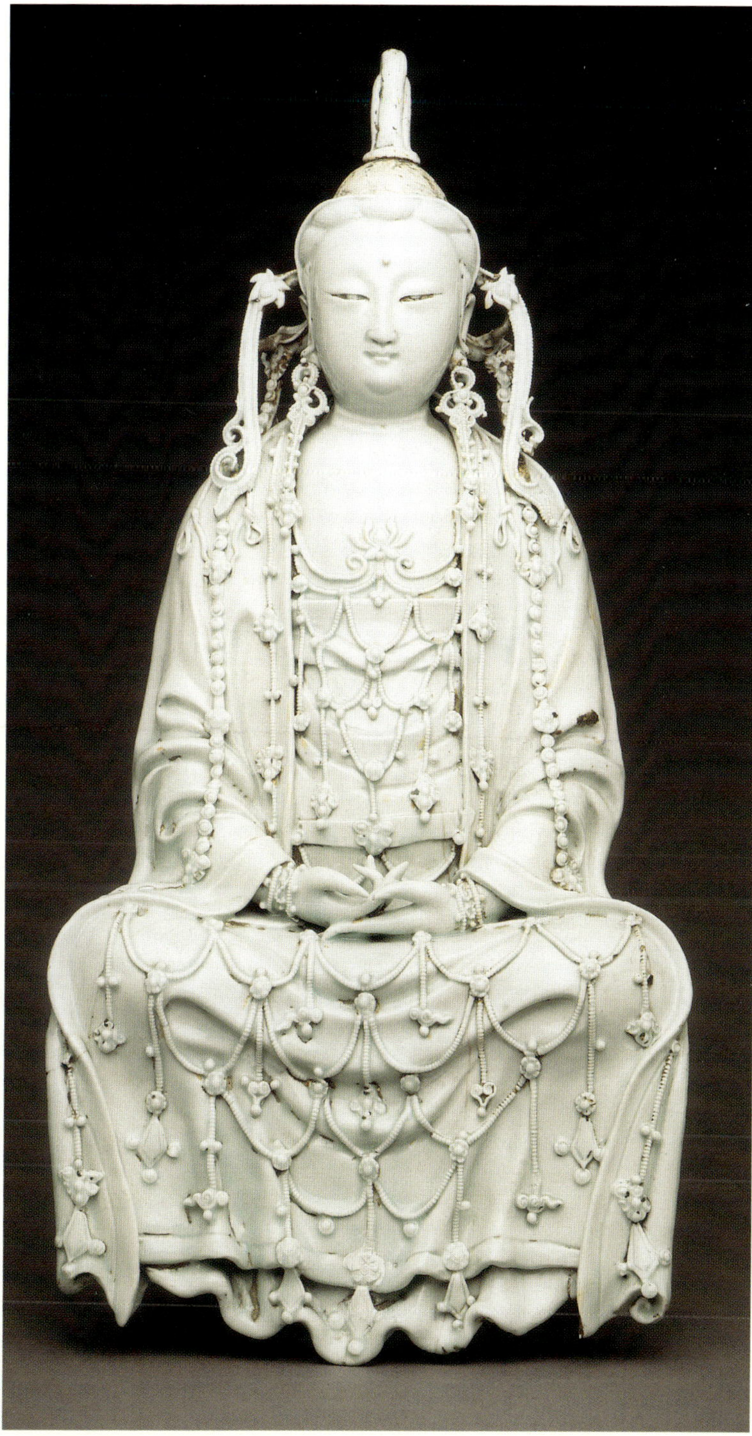

« gréco-bouddhique », active du Ier au Ve siècle de notre ère, dont les réminiscences ne furent pas sans influencer l'art des sanctuaires rupestres d'Asie centrale ou de Chine.

Des deux voies terrestre (au long des oasis d'Asie centrale) et maritime (depuis la péninsule indochinoise jusqu'à la Chine du Sud) que suivit le bouddhisme au cours de sa diffusion vers l'Extrême-Orient, la première fut la plus largement empruntée. La route de la soie*, qui apparaît en fait multiple au regard des ramifications des pistes de caravanes qui traversent les terres désertiques de Haute-Asie, reliant la province chinoise occidentale du Gansu à la cité de Kashgar, aux pieds des monts Pamir, était ainsi jalonnée de petites principautés cosmopolites qui furent autant de relais dans la propagation des textes comme dans celle des images du bouddhisme, de la Transoxiane jusqu'en Chine. Au-delà des jeux d'influences multiples favorisés par une activité commerciale intense, nombreuses furent celles qui abritèrent des centres actifs de traduction et d'études bouddhiques, et des communautés artistiques créatrices d'un langage unique et novateur.

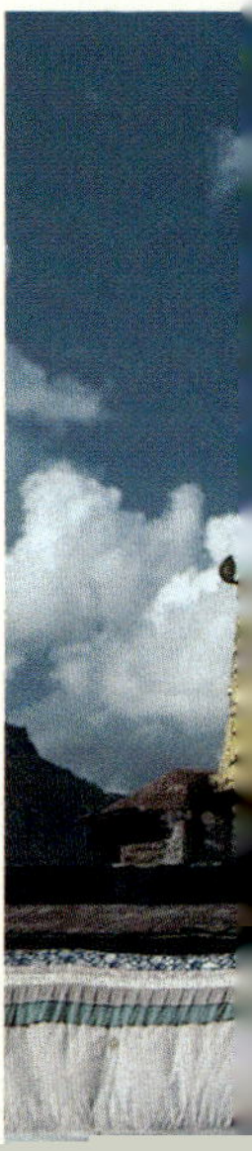

En Chine, l'introduction du bouddhisme se fit selon un processus de lente infiltration : la date attestée de 65 apr. J.-C. (existence d'une communauté bouddhique à Luoyang, sous le règne de l'empereur Mingdi des Han) fut vraisemblablement précédée de deux siècles de contacts sporadiques. Il n'en reste pas moins que le bouddhisme, face au confucianisme et au taoïsme, demeura longtemps en Chine une religion d'étrangers, bien qu'un travail systématique de traduction des textes y ait été entrepris dès le IIe siècle. La présence de moines missionnaires et traducteurs, d'origine indienne et centre-asiatique, les pèlerinages* de plus en plus fréquents de moines chinois vers les terres mères du bouddhisme, enfin le soutien apporté à cette religion par les dynasties d'origine barbare expliquent qu'au Ve siècle s'ouvre, en Chine, une période d'épanouissement du bouddhisme qui ne prendra fin qu'avec la proscription des années 843-845. La Doctrine du Bienheureux ne survivra alors essentiellement en Chine que comme l'un des composants de cultes syncrétiques relevant d'une religion populaire, et, durant l'intermède mongol, sous sa forme lamaïque d'origine tibétaine (voir Tantrisme).

Ces siècles de ferveur religieuse chinoise permirent cependant la propagation du bouddhisme jusqu'en Corée (dès le IVe siècle) puis au Japon (officiellement en 538 apr. J. C.). En dépit d'une première résistance shintoïste, c'est dans ce dernier pays, et d'abord à Nara*, aboutissement ultime de la route de la soie au VIIIe siècle, que le bouddhisme extrême-oriental trouvera les conditions propres à une floraison intense, rarement interrompue jusqu'à aujourd'hui.

Roue de la Loi accompagnée de deux gazelles affrontées, Temple du Jokhang, Lhassa (Tibet).

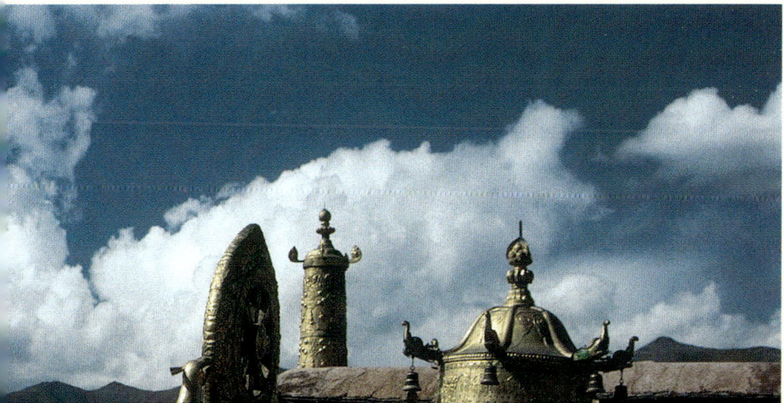

Une religion sans dogme ni vérité révélée

Au cours des siècles et au gré de sa diffusion vers l'Extrême-Orient, le bouddhisme a connu des évolutions profondes, dont l'émergence du Mahâyâna*, ou bouddhisme du Grand Véhicule, au début de notre ère, n'est pas des moindres. Au point qu'il est impossible de parler d'une doctrine bouddhique comme d'un corpus de dogmes ou de textes invariablement reconnus en tout lieu et en tout temps. Hors des dogmes et de toute vérité révélée, le bouddhisme se fonde

Pages suivantes : temple du Buddha couché, Bangkok (Thaïlande).

d'abord sur l'expérience du monde que réalisa un être humain, le Buddha, que son intelligence extrême de l'état des choses conduisit à l'Éveil au sens de l'existence et à la vérité universelle, libératrice du *samsâra.* Aussi bien la seule doctrine primitivement reconnue et unanimement demeurée inaltérée au cœur de toute ramification sectaire est-elle issue de ce constat primordial de l'ordre des choses, qui est la Loi bouddhique ou *dharma**. Par sa décision de transmettre à l'humanité le fruit de son expérience de l'Éveil, le Bienheureux, mettant en mouvement la « Roue de la Loi* », divulgua un enseignement élaborant une discipline et un système de pensée constitutifs d'une véritable religion. Ainsi, l'enseignement du Buddha (c'est là le second sens du mot *dharma*), le deuxième des Trois Joyaux du bouddhisme (à côté du Buddha et du *sangha*) en lesquels le fidèle trouve refuge, présente-t-il un corps théorique originel, reflétant l'ordre des choses et d'emblée entièrement contenu dans les « Quatre Nobles Vérités » énoncées lors de son premier sermon, à Bénarès.

Les quatre nobles vérités

Se fondant à la fois sur l'expérience humaine de l'existence et sur la conception bouddhique de la nature impermanente des choses (dépourvues d'« être en soi » et de toute substantialité), la première vérité fait le constat plus réaliste que pessimiste (cf. Walpola Rahula) de l'existence de la douleur ou *duhkha* en tant que dimension fondamentale de la vie. « Voici, ô moines, la vérité mystique sur la douleur : la naissance est douleur, la maladie est douleur, la mort est douleur, l'union avec ce qu'on déteste est douleur, la séparation d'avec ce qu'on aime est douleur, l'impuissance à obtenir ce qu'on désire est douleur. En résumé, les cinq agrégats d'appropriation sont douleur. » (trad. Lilian Silburn)

Au-delà du constat de la souffrance humaine, cette première vérité énonce un point essentiel de la philosophie bouddhique : la notion de changement perpétuel, d'évanescence universelle, rendant toute forme d'attachement potentiellement douloureuse, et la doctrine du « non-soi » (*anâtman*, inexistence d'un soi permanent) qui en découle. La deuxième des Nobles Vérités nous éclaire sur l'origine principale de la douleur, qui est la « soif », autrement dit toute forme de désir lié à l'expérience sensorielle, le désir d'exister mais aussi le désir d'anéantissement.

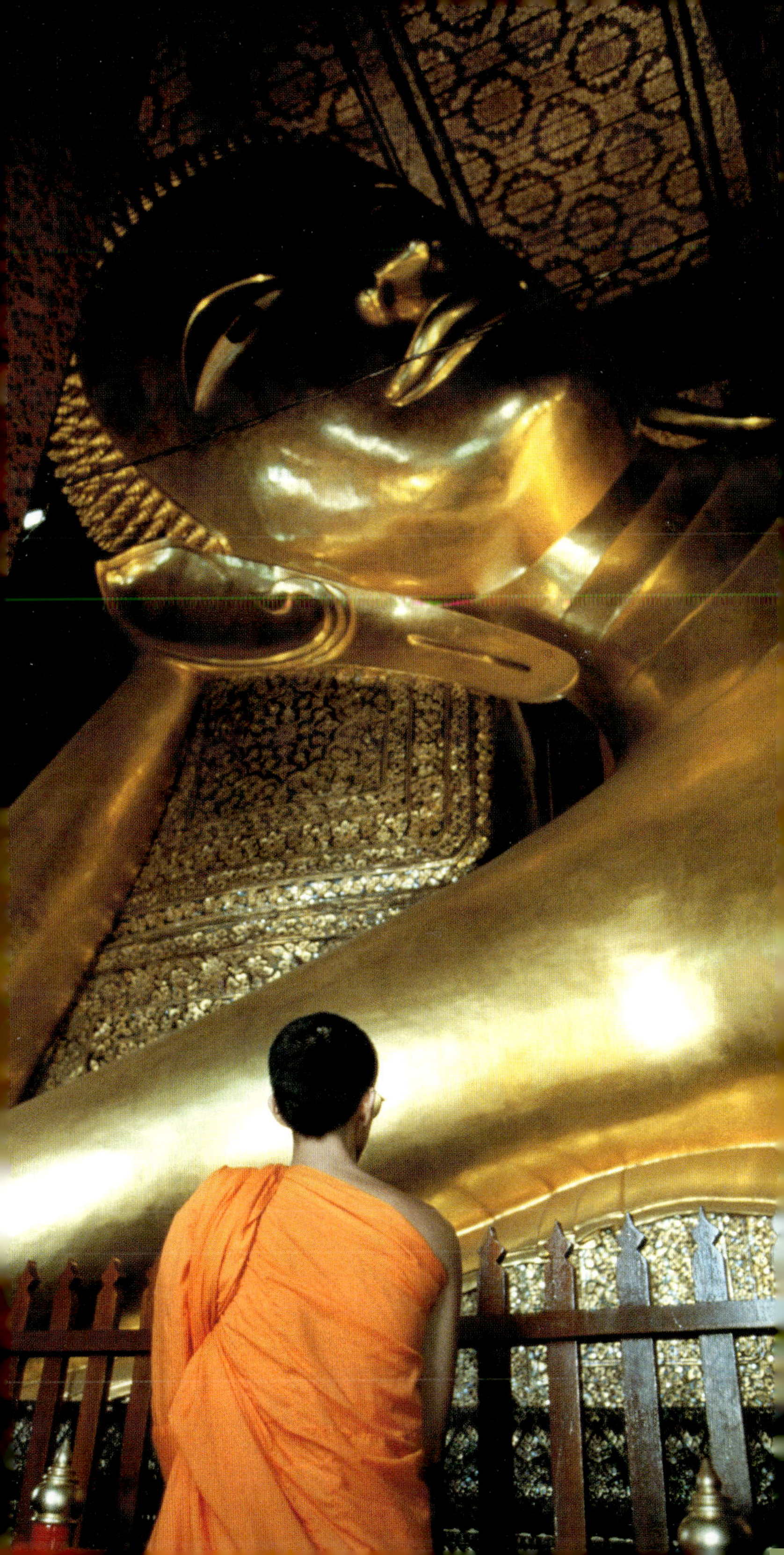

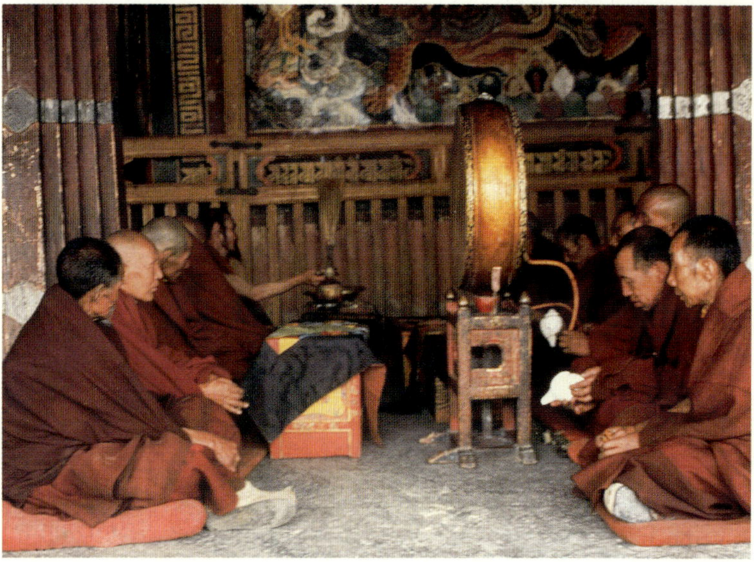

Lamas
en prière,
monastère
de Drepung,
Tibet.

Cette avidité, sous-tendue par l'illusion tenace de l'existence d'un soi, alimente la production d'actes, ou d'intentions, qui, selon la loi karmique, enchaîne l'homme au cycle des renaissances (voir Karman et Samsâra).

La troisième Vérité pose la perspective d'un arrêt de la souffrance, conditionnée par la cessation du désir. Elle proclame ainsi l'existence du *nirvâna** en tant qu'état d'apaisement et de quiétude parfaite.

Enfin, la quatrième Vérité est celle de « l'octuple chemin sacré » qui mène à la suppression de la douleur. Définie par le Buddha comme le « sentier du milieu », en ce sens qu'elle évite les deux extrêmes de la poursuite du plaisir des sens et des mortifications de l'ascèse*, cette voie est la seule susceptible de mener le fidèle vers le *nirvâna*. Parcourue progressivement, elle se dessine en huit branches qui explicitent les trois aspects essentiels de la discipline bouddhique. Premièrement, la moralité ou conduite éthique, fondée sur le renoncement, l'amour universel et la compassion envers tous les êtres vivants (*shîla*, recouvrant parole juste, action juste, moyens d'existence justes). Deuxièmement, la discipline mentale ou méditation (*samâdhi* : effort juste, attention juste, concentration juste). Troisièmement, la sagesse (*prajnâ** : compréhension juste, pensée juste), qui n'est autre que la pénétration profonde des Quatre Nobles Vérités et du caractère illusoires des phénomènes, et qui, dans le contexte du Mahâyâna, en viendra à prendre le pas sur les autres versants de la discipline dans le cheminement vers la réalisation du *nirvâna*.

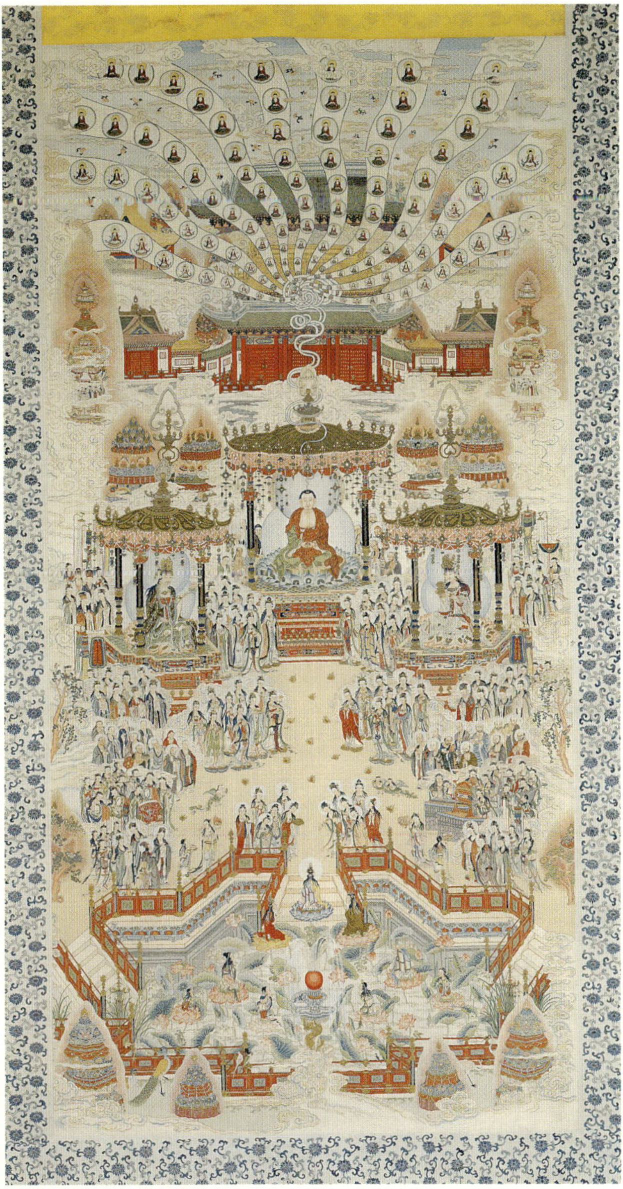

Amitâbha prêchant dans la Terre Pure de Sukhâvatî, Chine 1736-1796. Broderie sur soie. Pékin, musée Gugong.

L'Élargissement de la voie vers le salut : le Mahâyâna

Si la doctrine primitive proposait ainsi un moyen de progression vers le salut, exposé par le Buddha lui-même lors de sa première prédication et concrètement illustré par la pratique ascétique de l'*arhat** (le saint bouddhique), une voie nouvelle, qualifiée par ses adeptes de « Grand Moyen de Progression (vers le salut) » ou Mahâyâna, allait se dessiner vers la fin du Ier siècle avant notre ère. Sans rupture doctrinale véritable, le Mahâyâna « se présente donc plus encore comme un effort de dépassement et d'enrichissement que comme une réaction et une réforme » (Jean Filliozat). S'appuyant sur une littérature rédigée en Inde en sanskrit, largement connue par les traductions chinoises et tibétaines parfois mieux conservées de ces *sûtra**, le bouddhisme du Grand Véhicule diffère essentiellement des écoles anciennes dans les modalités de progression vers l'Éveil. À l'idéal de l'*arhat* poursuivant l'obtention de la cessation de la douleur par une discipline morale et mentale rigoureuse, qui ne se concevait que dans le cadre étroit d'une existence érémitique, il substitue l'idéal compatissant du *bodhisattva** qui œuvre en ce monde afin de mener tous les êtres vers le salut. À une attitude éthique, fondée sur une morale du renoncement, succède une véritable religion de salut, bâtie sur la dévotion, la foi et la compassion. Alors que la voie de l'*arhat* n'était restée accessible qu'à la communauté monastique, la voie du *bodhisattva* est désormais potentiellement ouverte à tout laïc, chaque être humain participant de l'essence de la « bouddhéité », selon la position fondamentale du Mahâyâna. L'Éveil est alors la réalisation de sa propre « nature de *buddha* », l'actualisation d'une nature inhérente à l'homme.

Par rapport au Hînayâna*, le bouddhisme du Grand Véhicule se caractérise d'emblée par un développement sans précédant des spéculations philosophiques et métaphysiques. La conception de la nature même du *buddha* s'en trouve ainsi profondément affectée, selon la théorie des « trois corps de *buddha* ». Alors que la dimension purement humaine du Buddha historique apparaît clairement au sein de la doctrine ancienne, le développement de la cosmologie bouddhique dans le Mahâyâna prend appui sur l'idée d'une multiplication de *buddha* régnant sur une infinité d'espaces (voir Amitâbha). Dès lors, Shâkyamuni n'est plus que la manifestation terrestre ou « corps de métamorphose » (*nirmâna-kâya*) d'une essence de la « bouddhéité » une et transcendante, ou « corps de la Loi » (*dharma-kâya*). Enfin, est posée l'existence d'une forme glorieuse des *buddha*, manifestée aux *bodhisattva* par un « corps de jouissance » (*sambhoga-kâya*).

Issu du bouddhisme des écoles anciennes, le Mahâyâna propose ainsi des perspectives de salut ouvertes au plus grand nombre, dans une pratique de la foi et de la dévotion largement accessible. Né dans l'Inde gangétique, il s'est diffusé dès le début de notre ère en direction de l'Extrême-Orient, via les oasis d'Asie centrale. C'est sous cette forme, diversifiée selon de multiples mouvements de pensée, que le bouddhisme s'est implanté en Chine, en Corée, au Japon et au Tibet, initiant des traditions religieuses originales et bien vivantes aujourd'hui encore dans la plupart de ces pays.

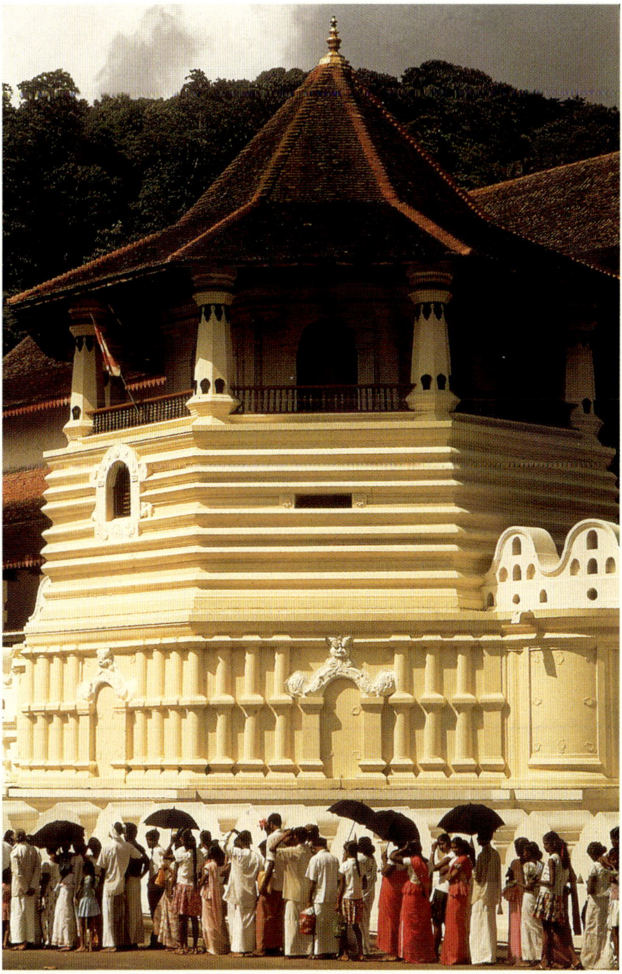

Le temple de la Dent, Kandy (Sri Lanka).

L'Éclosion d'un art et d'une civilisation

Le bouddhisme a bien évidemment marqué de son empreinte architecturale et artistique les contrées où il s'est épanoui, constellant de monuments caractéristiques, souvent grandioses, et d'œuvres d'art innombrables son aire de diffusion religieuse et culturelle. Ainsi se sont élaborées, au fil des siècles, une imagerie et une iconographie spécifiques (voir Représentations).

Si le premier art bouddhique de l'Inde ancienne fut d'abord « aniconique », refusant par une sorte de scrupule religieux de figurer la personne physique du Buddha autrement que par des symboles explicites et convenus (l'empreinte des pas du Bienheureux, l'arbre de l'Éveil, la Roue de la Loi, le trône vide, ou encore le *stûpa**, symbole

Pages suivantes : Recueil de textes rituels du bouddhisme tantrique. Écriture népalaise. Paris, BnF, Mss, or. Sanscrit 1822.

Buddha, Wat Phra Ratana Si Mahathat de Lopburî, XIIe s. Bangkok, Musée national.

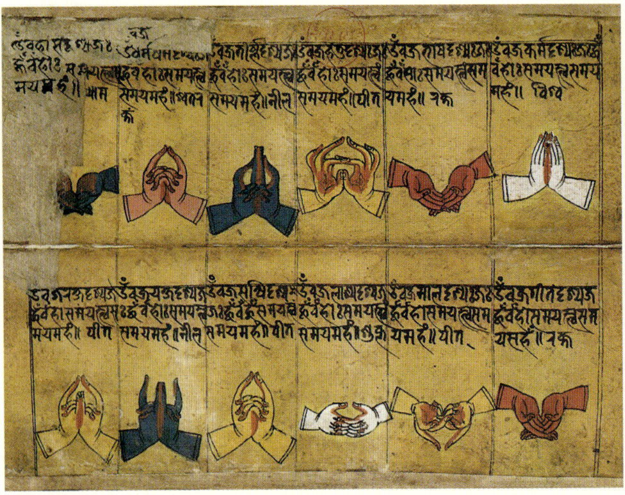

du *nirvâna*...), les premiers siècles de l'ère chrétienne virent se constituer, dans le Nord-Ouest de l'Inde, l'image canonique du Buddha. Ce dernier se vit dès lors doté des marques de prééminence (*lakshana**) propres au « Grand Homme » (*Mahâpurusha*), signes des mérites innombrables acquis au cours de ses existences successives – protubérance crânienne (*ushnîsha),* loupe de poils entre les sourcils (*ûrnâ*), boucles de cheveux rituellement enroulées vers la droite... À ces marques d'éminence, traditionnellement au nombre de trente-deux – mais dont quelques-unes seulement furent systématiquement retenues par les imagiers, les autres ne se prêtant guère à une représentation plastique – s'ajoutent les attitudes et les gestes parfaitement codifiés assignés au Buddha. Ces gestes canoniques ou « sceaux » (*mudrâ**), que le Bienheureux esquisse de ses mains et dont quelques-uns peuvent être clairement mis en relation avec certains des « grands miracles » de la vie du Buddha, sont le « sceau de la méditation » (*dhyâna mudrâ*), le « sceau de l'argumentation » (*vitarka mudrâ*), le « sceau de la mise en mouvement de la Roue de la Loi » (*dharmachakrapravartana mudrâ*), le « sceau de la prise à témoin de la Terre » (*bhûmisparsha mudrâ*), le « sceau du don » (*varada mudrâ*) et le « sceau de l'absence de crainte » (*abhaya mudrâ*). Déterminant un vocabulaire symbolique, d'emblée intelligible pour le dévot, et associés aux attitudes canoniques admises pour la représentation du Bienheureux – qui peut être figuré debout, marchant, assis et couché –, ces gestes strictement codifiés gouvernent l'iconographie bouddhique par-delà toutes les variations régionales ou stylistiques.

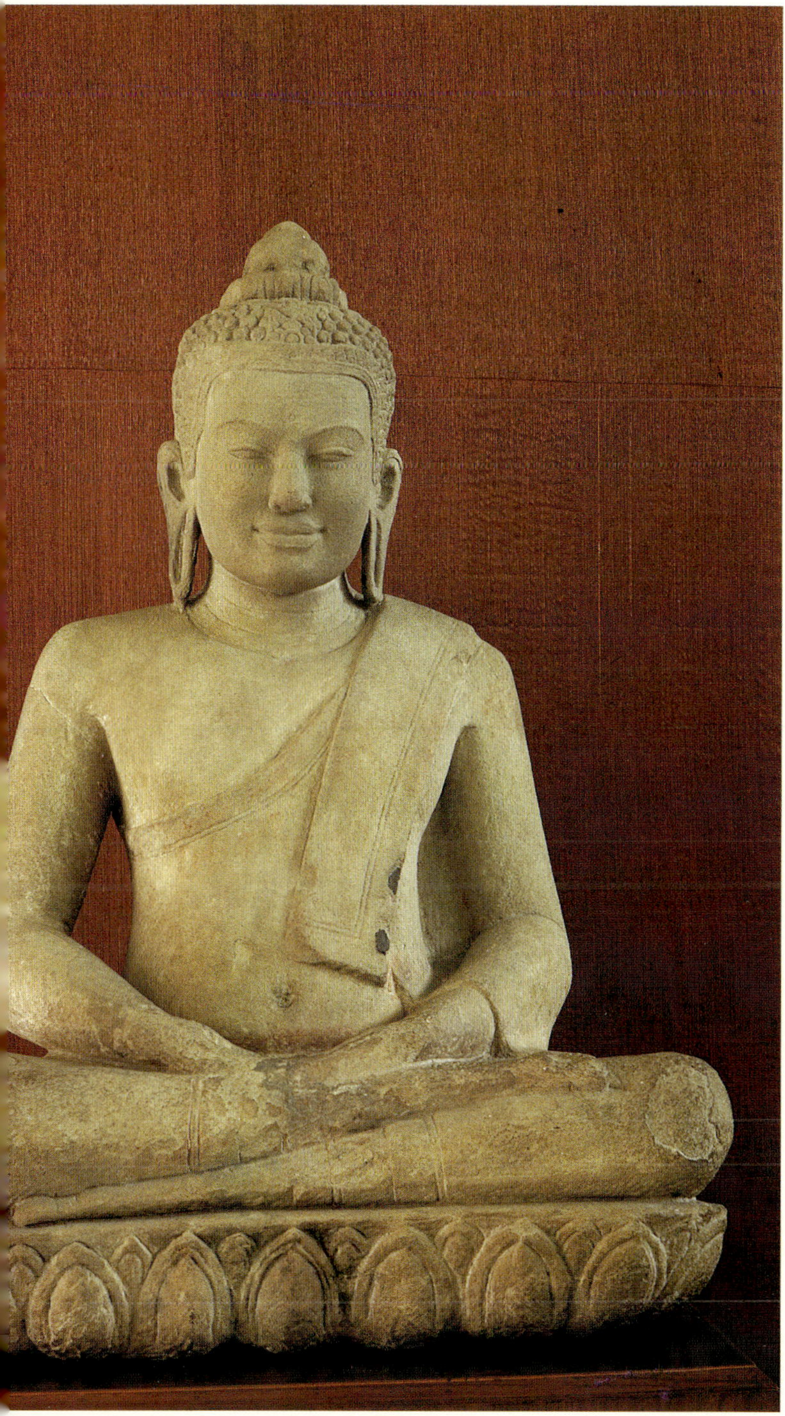

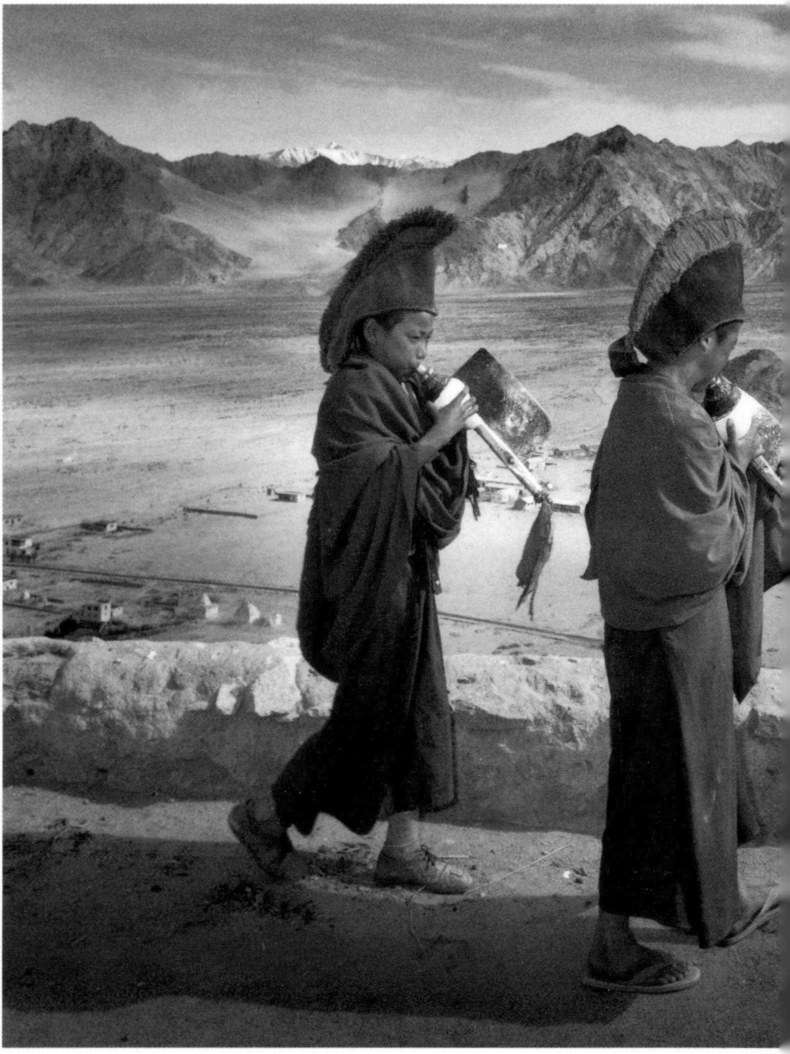

À l'image du Buddha, bientôt répandue dans tout le monde bouddhique, se sont ajoutées les représentations des *buddha* du passé, des *bodhisattva* et des divinités secondaires ou mineures intégrées au panthéon bouddhique, toutes figurations également rigoureusement codifiées.

Le bouddhisme a aussi donné naissance à des monuments cultuels et à des édifices représentatifs qui, en dépit de variations et de transformations architecturales parfois considérables, attestées tant au fil des siècles qu'au gré des régions ou des pays où elles se manifestèrent, ont contribué à dresser la carte archéologique et artistique du bouddhisme et de son immense rayonnement. En témoigne le *stûpa*, édifice commémoratif enchâssant les cendres ou les reliques* du Buddha, de disciples éminents ou de saints personnages : ses trans-

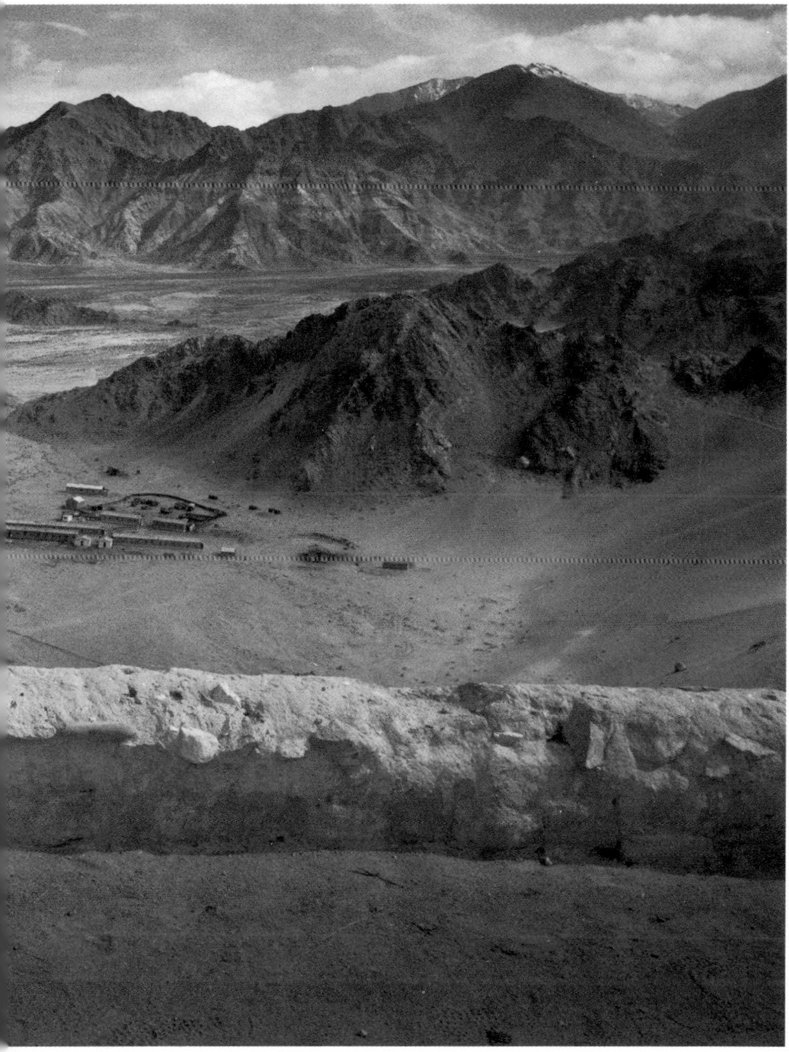

formations formelles, depuis l'Inde jusqu'aux pagodes* du Japon, en passant par les *shorten* du Tibet, offrent une extraordinaire illustration d'évolution architecturale. Expression de la piété des fidèles et objet d'une extrême vénération, *stûpa* et images sculptées ou peintes à l'effigie du Bienheureux – dont l'édification et la fabrication étaient œuvre pie et sources de mérites pour les dévots – témoignent de la ferveur intense et jamais démentie de millions de fidèles envers le Maître vénéré qui, entrant dans le *nirvâna*, adressa à ses disciples ces ultimes paroles : « La Doctrine et la Discipline que j'ai enseignées et que je vous ai imposées doivent être vos maîtres quand je ne serai plus » (cité par H. Arvon, dans *Le Bouddhisme*).

Moines de la secte dite des « Bonnets rouges », Ladakh, (Inde).

Hélène Bayou, Amina Okada

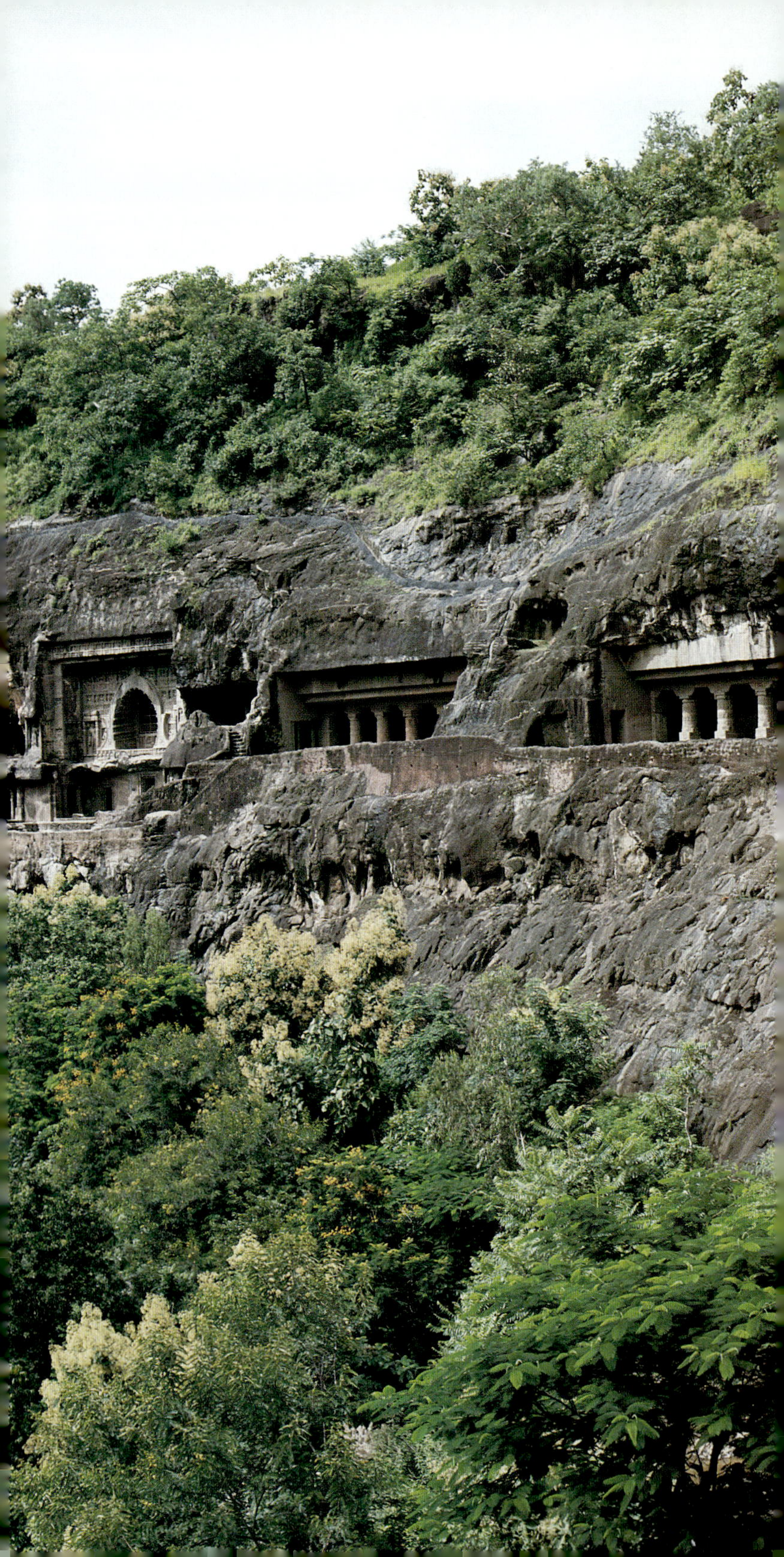

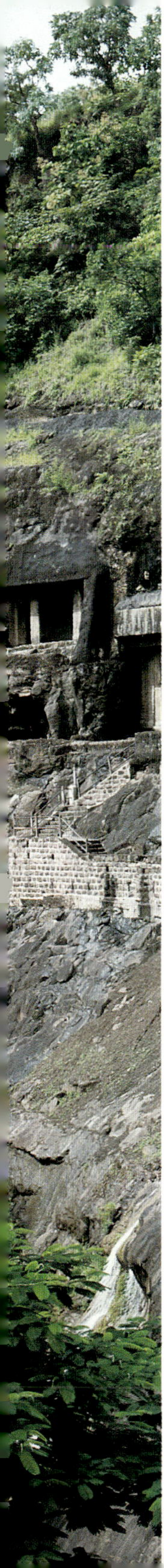

Ahimsâ

La non-violence (*ahimsâ*) envers les hommes et les animaux est un idéal prôné tant par le jaïnisme* que par le bouddhisme. La religion jaïne, toutefois, a fait de l'interdiction de la violence et du respect envers toutes les formes de vie l'un de ses préceptes fondamentaux, auquel doivent se conformer les moines aussi bien que les laïcs. Ces derniers, par souci de ne pas attenter à la moindre vie animale, se voient ainsi interdire l'exercice de certaines professions comme l'agriculture, laquelle entraîne inévitablement la destruction d'insectes et autres espèces animales vivant dans la terre. Les moines jaïns filtrent l'eau qu'ils boivent afin de préserver la vie des animalcules qu'elle contient, portent parfois une pièce de mousseline sur la bouche pour éviter d'aspirer, à leur insu, quelque insecte volant et se déplacent avec un petit plumeau en fils de laine ou en plumes de paon, afin d'écarter de leur chemin tout insecte que leurs pas risqueraient d'écraser. Toute forme de vie devant être respectée, les jaïns se doivent d'observer un régime alimentaire strictement végétarien.

Si le bouddhisme encourage également les pratiques végétariennes, il n'interdit pas pour autant de consommer de la viande ; mais un moine ne saurait manger la chair d'un animal qui aurait été mis à mort spécialement à son intention. Le respect de la première des dix observances fondamentales (*shîla*) du code de morale bouddhique faisant obligation aux moines de s'abstenir de nuire à tout être vivant, de nombreuses communautés bouddhiques en vinrent à l'interpréter comme une incitation au végétarisme. L'empereur Ashoka* lui même, une fois converti à la Loi bouddhique, interdit – en accord avec la doctrine de l'*ahimsâ* – les sacrifices d'animaux. Il réglementa l'abattage des bêtes de boucherie, restreignit la consommation de viande dans son palais et renonça à la chasse, activité royale par excellence. AO

Ajantâ

Le site d'Ajantâ, à une centaine de kilomètres d'Aurangâbâd, dans le Mahârâshtra, constitue l'un des hauts lieux de l'art bouddhique indien. Creusés dans la roche vive d'une falaise abrupte dominant les méandres de la Waghorâ, quelque trente sanctuaires rupestres, ornés d'imposantes sculptures et d'extraordinaires peintures murales miraculeusement préservées, se déploient sur près de six cents mètres en un ample arc de cercle surplombant la rivière. Dès le IIe siècle avant notre ère, des religieux bouddhistes firent de ce lieu de retraite idéal un havre propice au recueillement et à la méditation*. Jusqu'au VIIe siècle, Ajantâ fut un foyer religieux et artistique important, où affluaient, venant de diverses régions de l'Inde, pèlerins (voir Pèlerinage), voyageurs et artistes.

Les cavernes* d'Ajantâ, qui furent « redécouvertes » par des soldats britanniques en 1819, à la faveur d'une chasse au tigre, ont été excavées à deux époques distinctes, séparées par un intervalle de plusieurs siècles. Les cavernes les plus anciennes, creusées entre le IIe siècle av. J.-C. et le Ier siècle apr. J.-C.,

Pages précédentes : Sanctuaires rupestres, Ajantâ (Inde).

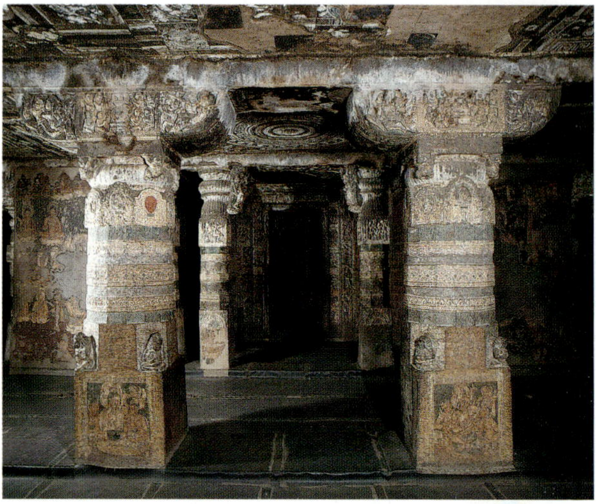

Intérieur de la caverne n° 2, Ajantâ (Inde), fin du Ve siècle.

relèvent du bouddhisme ancien, ou Hînayâna* ; les cavernes plus récentes, excavées et décorées du Ve siècle au début du VIIe siècle sous l'égide des Vâkâtaka – dynastie vassale et alliée des Gupta –, procèdent quant à elles du bouddhisme Mahâyâna*. La présence, dans un même site, de cavernes hînayâniques et de cavernes mahâyâniques explique les différences d'ordre thématique et iconographique perceptibles dans l'ornementation sculptée et peinte des sanctuaires (*caitya*) et des monastères* (*vihâra*) d'Ajantâ.

Les cavernes d'Ajantâ sont universellement renommées pour la beauté et la richesse iconographique des peintures murales qu'elles recèlent. Ornant les murs, les colonnes, les encadrements de porte et les plafonds, ces fresques aux compositions savantes et complexes et au chromatisme subtil constituent un livre d'heures sans pareil du bouddhisme indien ; elles illustrent divers épisodes de la légende dorée bouddhique et des scènes édifiantes tirées des *Jâtaka**, récits des naissances antérieures du Buddha* Shâkyamuni. AO

Le Buddha Amitâyus, atelier impérial de la dynastie Ming (1368-1644). Couleurs sur soie. Paris, musée Guimet.

AMITÂBHA
« Celui à l'Éclat infini »

Occupant une place éminente au sein du panthéon bouddhique mahâyânique, la figure du buddha Amitâbha est intrinsèquement liée à deux notions constitutives de la pensée du Grand Véhicule : la Compassion sans limite, et la perspective qui en découle d'un salut rendu accessible au plus grand nombre. Elle se conçoit dans la perspective très élargie de la cosmologie du Mahâyâna* qui, par-delà la disparition physique du Buddha* historique, admet l'existence de *buddha* purement spéculatifs et métaphysiques et de leurs « terres » au sein desquelles le fidèle peut espérer renaître.

Amitâbha (« Celui à l'Éclat infini ») ou, selon une dénomination plus ancienne, Amitâyus (« Celui à la Longévité infinie ») est le plus individualisé de ces *buddha*, celui qui, en Extrême-Orient, en vint à incarner la notion même de *dharmakâya* (corps d'essence du *buddha*), l'essence réelle de la « bouddhéité ». La Terre Pure sur laquelle il règne, dite « la Bienheureuse » (en sanskrit *Sukhâvatî*), située à l'ouest de notre univers, est décrite dans l'un des textes fondateurs de la foi en Amitâbha : le *Sukhâvatîvyûha* (« Déploiement de la Terre Bienheu-

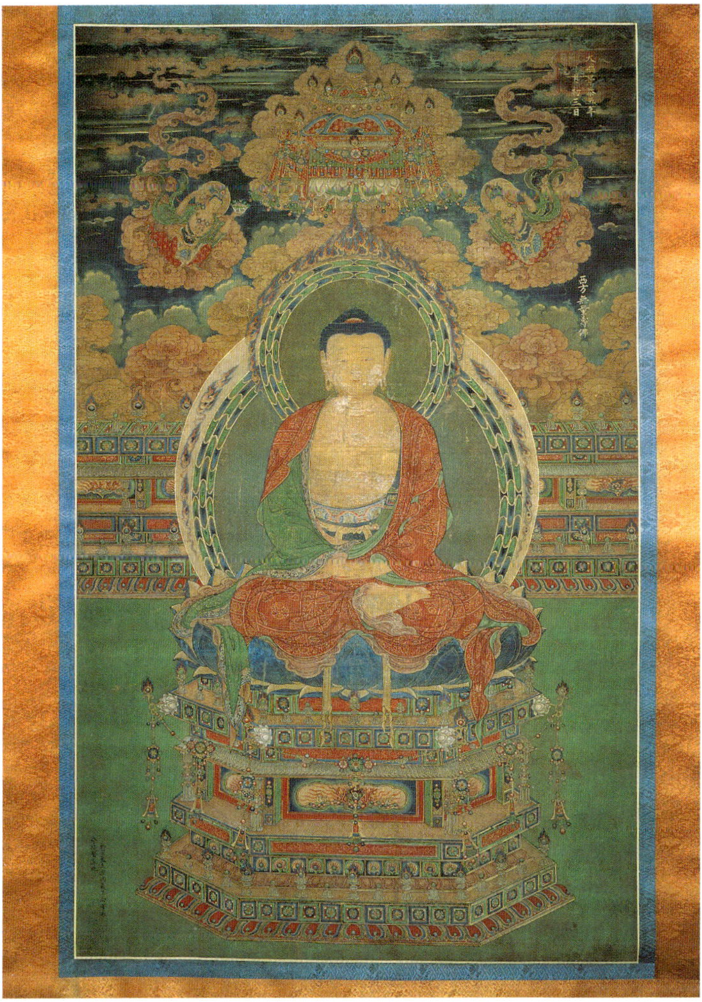

reuse »), connu en Inde dès le Ier siècle de notre ère. D'emblée, la nature de cette contrée paradisiaque (voir Paradis) apparaît récurrente du Grand Vœu formulé par le futur Amitâbha alors qu'il n'était qu'un *bodhisattva** : il n'accepterait l'Éveil* qu'à la condition que tous les êtres invoquant avec sincérité son nom au moment de mourir aient accès à sa Terre Pure, où aucun obstacle à l'Illumination n'existerait plus. S'y déploie ainsi la dimension salvatrice d'Amitâbha qui, par le bénéfice de ses propres mérites, offre aux êtres humains la possibilité d'échapper au *samsâra** sans condition autre que celle de leur foi. Avec *l'Amitâyurdhyâna Sûtra* (« Sûtra de la Méditation sur Amitâyus », suite de 16 méditations effectuées vers l'ouest, amenant à visualiser la Terre Bienheureuse et son souverain), il pose les fondements du culte d'Amitâbha ; nourri d'une pratique contemplative et d'une dévotion s'exprimant par l'invocation du nom du Buddha (*nembutsu* en japonais), ce culte devait connaître, après une présence sporadique en Inde, un développement majeur en Chine où il se dégage, dès le Ve siècle, comme un mouvement indépendant. Ce bouddhisme de la Terre Pure, ou amidisme, suscitera au Japon des prolongements doctrinaux et iconographiques inédits au cours de l'époque de Heian (794-1185). HB

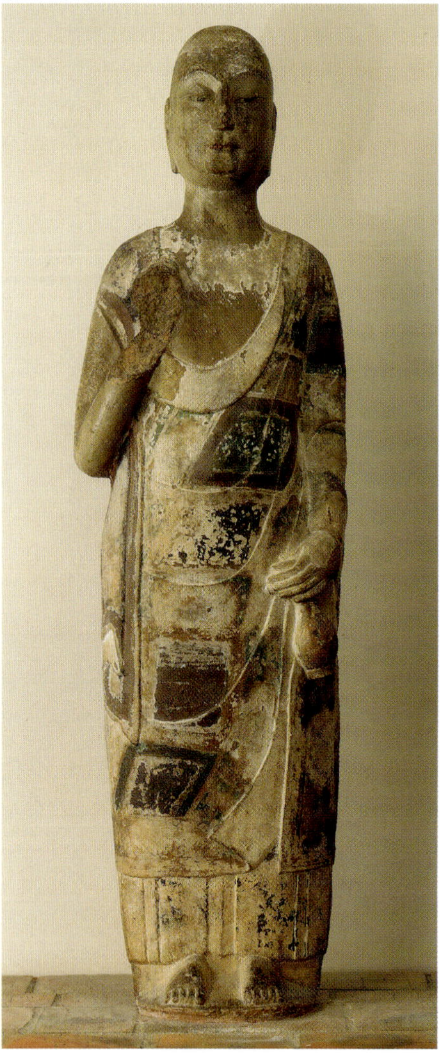

Ânanda,
Hebei (Chine septentrionale), fin du VIe siècle. Marbre micacé polychrome. Paris, musée Guimet.

Ânanda

Ânanda fut l'un des dix grands disciples du Buddha*, au service duquel il offrit un dévouement sans limite et une écoute sans faille. Même s'il semble de prime abord un personnage secondaire de l'histoire du bouddhisme, on ne saurait négliger son rayonnement spirituel. Ainsi Ânanda fut-il l'interlocuteur privilégié du Buddha Shâkyamuni, celui devant qui plusieurs *sûtra** furent prêchés, lorsqu'on ne lui en attribue pas l'élaboration.
La dimension légendaire de ce personnage historique affleure au sein de versions en certains points contradictoires de sa biographie. Les sources s'accordent cependant pour reconnaître en lui un cousin germain de Gautama, né le même jour que lui (selon la tradition pâli*) et ordonné moine la deuxième année suivant l'Éveil de celui-ci. Il accepta d'en devenir l'assistant principal après vingt années d'un service zélé, à condition de ne bénéficier d'aucun avantage matériel et de pouvoir entendre tout sermon que le Bienheureux délivrerait. Bien que seul des disciples à n'avoir pas encore atteint l'état d'*arhat**, sa supériorité fut reconnue par le Buddha dans cinq qualités : érudition, mémoire, conduite, résolution et prévenance. Si la sollicitude d'Ânanda à l'encontre de l'Éveillé fut sans égale, certains épisodes soulignent de surcroît le rôle majeur qu'il joua à l'égard de la Loi et de la communauté monastique, insistant par exemple pour qu'un ordre de nonnes* fût créé. Lors du premier concile bouddhique, tenu à Râjagriha peu après la mort du Buddha, il aurait pu se remémorer toutes les paroles du Maître, assurant ainsi la pérennité de la Doctrine auprès du *sangha**. HB

Angkor

Les historiens ne cessent de se demander quelle fut celle des deux religions indiennes – l'hindouisme ou le bouddhisme – qui pénétra la première dans les lointaines contrées de l'Asie du Sud-Est. Si l'on s'en réfère cependant aux témoignages

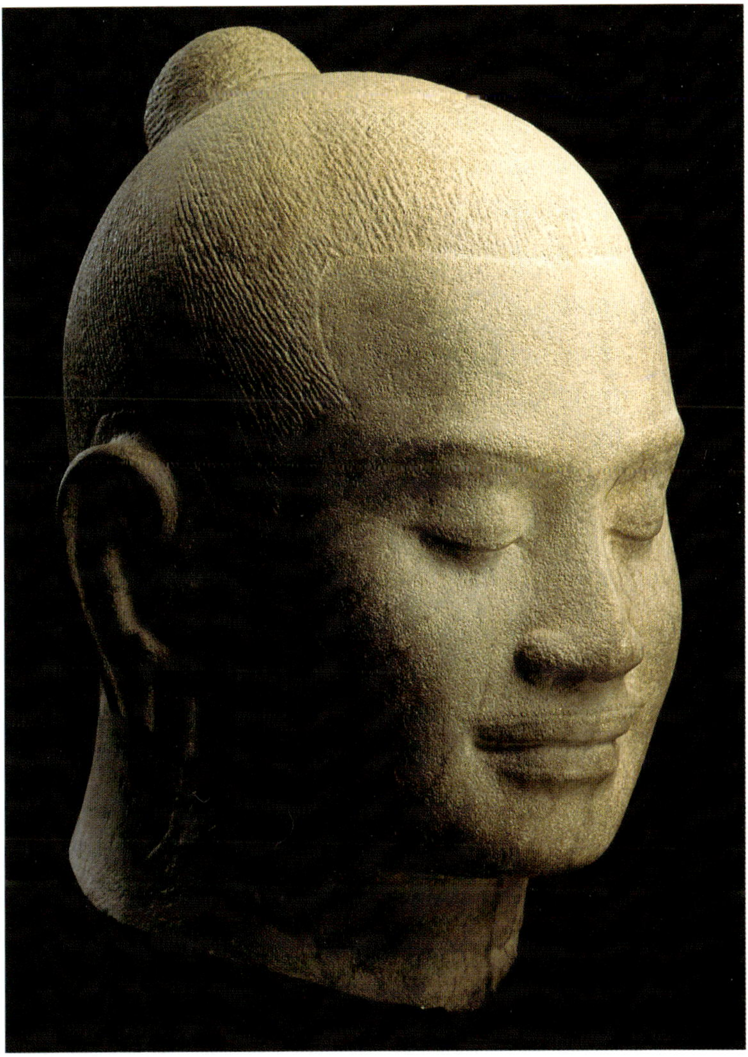

Portrait présumé de Jayavarman VII, Preah Khan de Kompong Svay (Cambodge), fin du XIIe-début du XIIIe siècle. Grès. Phnom Penh, Musée national.

conjugués de l'épigraphie sanskrite, des annales dynastiques chinoises et des œuvres d'art trouvées sur le sol cambodgien, les deux doctrines semblent avoir cohabité sans heurts dès le Ve siècle. Les « marchands des mers » ouvrirent la voie, bientôt suivis, comme c'est souvent le cas, par une nuée de brahmanes. Une légende rapporte même que le « royaume du Funan » aurait été fondé par un prince indien qui épousa la fille du roi local et devint à son tour le dirigeant du pays.

Une autre question, demeurée elle aussi sans réponse, concerne la nature même du bouddhisme qui prévalait alors : Mahâyâna* ou Hînayâna* ? Les nombreuses effigies du Bienheureux trouvées à Angkor, la « ville capitale », témoignent, là aussi, de la coexistence de ces deux courants.

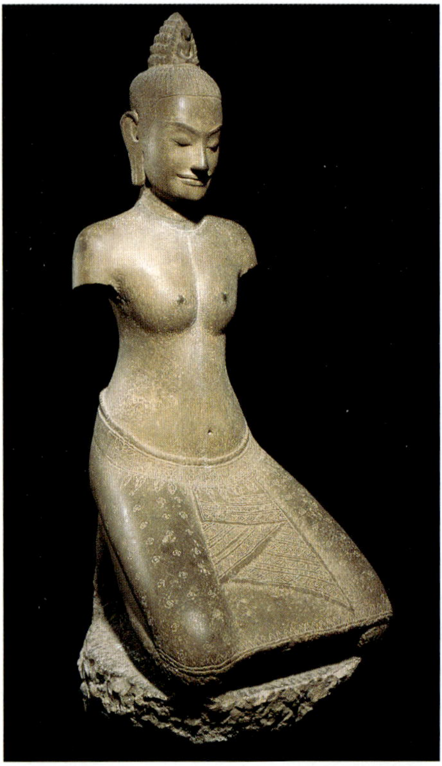

Portrait présumé de la reine Jayarâjadevî, dit « Târâ », Preah Khan d'Angkor (Cambodge), fin du XIIe-début du XIIIe siècle. Grès. Paris, musée Guimet.

Arhat, Kichizan Mincho (attr. à), Japon, XVe siècle (époque Muromachi). Couleurs sur soie. Paris, musée Guimet.

Dans l'histoire tumultueuse du royaume khmer, un souverain d'exception allait cependant ériger en religion d'État la doctrine de l'Éveillé : Jayavarman VII (vers 1181-1220). Qui n'a ainsi en mémoire les extraordinaires portraits du roi représenté dans l'humble attitude de l'orant, le doux visage esquissant un sourire d'une rare intériorité, les yeux clos à l'impermanence des choses d'ici-bas ? Quelles que soient les raisons réelles de sa conversion (lassitude face aux guerres et aux massacres, désir de stabilité politique, compassion à l'égard de ses sujets...), Jayavarman VII se réfugia dans la Loi comme l'avait fait, quelque seize siècles auparavant, un autre souverain universel (*chakravartin*), l'empereur indien Ashoka*. BGS

Arhat

Dérivé de la racine sanskrite *arh* (littéralement « digne de » ou « méritant »), le terme d'*arhat* désigne, dans le contexte du bouddhisme Theravâda*, l'idéal du saint pratiquant qui a atteint le plus haut degré du développement spirituel. Digne de vénération en raison de la perfection de sa conduite, totalement libéré de cœur et d'esprit, il est capable d'accéder au quatrième et ultime stade dans la réalisation du *nirvâna** (après avoir franchi les trois étapes précédentes : « celui qui est entré dans le courant », « celui qui revient une fois », « celui qui ne revient jamais »). La voie de l'*arhat,* celle qui conduit à l'Éveil* selon le bouddhisme ancien, est à comprendre comme un cheminement progressif, menant du monde profane des attachements terrestres à l'état de sainteté (*ârya*), puis à l'accès à la connaissance profonde de la véritable nature des choses. En cela, la libération de l'*arhat* est semblable à celle du Buddha* qui, selon les textes les plus anciens, fut le premier des *arhat.* Au long de ce cheminement, le disciple aura à se départir des entraves qui le lient au *samsâra**, tels le désir, l'ignorance, l'amour (en tant qu'attachement), la haine ou le doute. À la voie de l'*arhat,* ordonnée par la recherche d'un salut personnel, le Mahâyâna* substituera l'idéal plus altruiste du *bodhisattva**. Seize *arhat,* en tant que disciples désignés par le Buddha Shâkyamuni comme protecteurs de la Loi jusqu'à la venue du Buddha futur, furent néanmoins l'objet d'une vénération universelle dans tout l'Extrême-Orient ; leur nombre est parfois porté à dix-huit ou à cinq cents. HB

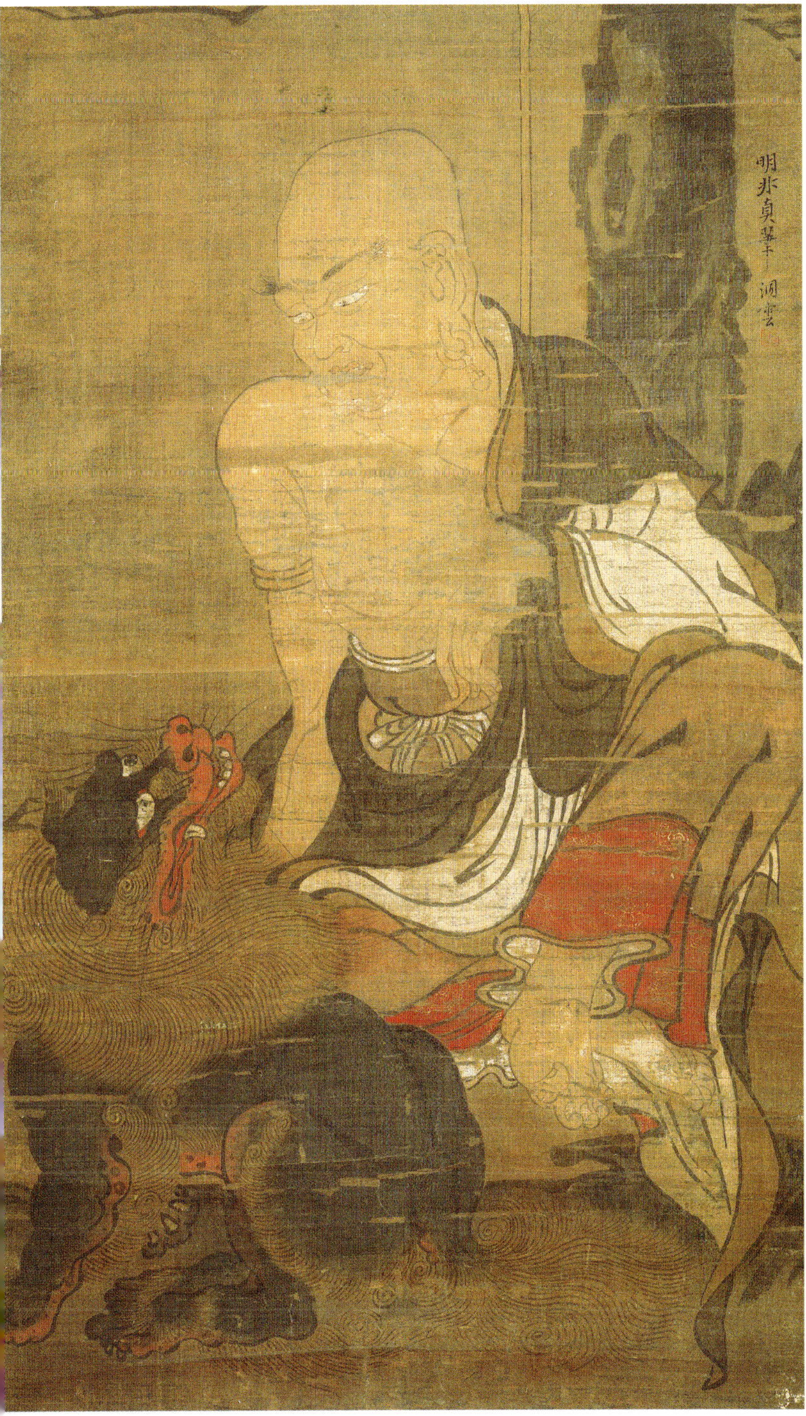
明兆真筆
洞雲

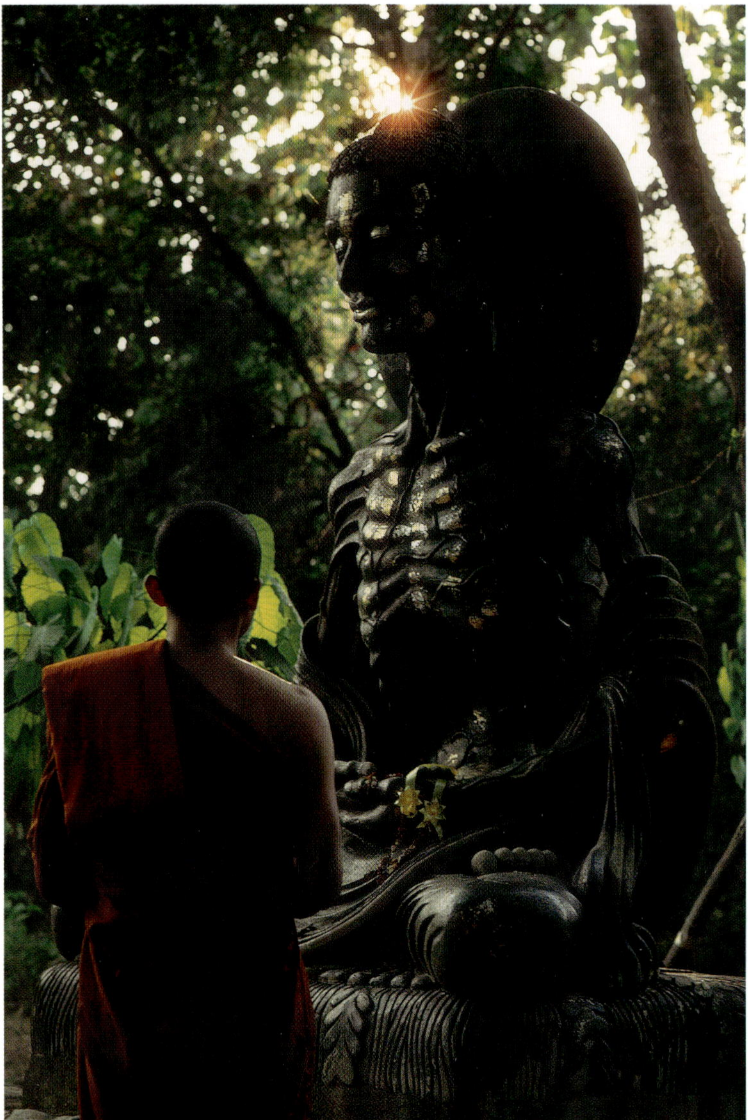

ASCÈSE
Vers la Voie de la Délivrance

La civilisation indienne et la philosophie hindoue ont, de tout temps, accordé une extrême importance aux vertus de l'ascèse, qui permet à l'homme de se libérer des contingences terrestres et, par la pratique d'exercices physiques et psychiques intenses et répétés, de parvenir à une plus grande maîtrise de soi, laquelle permettra dès lors à certains d'accéder à des visions mystiques ressortissant au domaine de l'ineffable. Dès l'époque des *Upanishad** (VIe-IIIe siècle av. J.-C.), l'ascétisme était largement répandu dans la vie religieuse indienne et attesté sous de nombreuses formes : mortifications et macérations les plus rigoureuses et les plus dangereuses, supplices corporels, privations de toutes sortes, jeûnes extrêmes. Cette volonté stoïque d'austérités trouvait sa justifica-

Moine devant la statue de Shâkyamuni, temple Wat Umong, Chiang Mai (Thaïlande).

Ashoka

C'est sous le règne d'Ashoka (vers 272-231 av. J.-C.), monarque de la dynastie Maurya et l'une des figures majeures de l'histoire du bouddhisme indien, que la doctrine bouddhique se propagea véritablement en Inde. Après s'être emparé du pouvoir en assassinant son frère aîné, Ashoka entreprit d'agrandir son empire en annexant, au prix d'une conquête particulièrement meurtrière, le royaume du Kalinga (Orissâ), sur la côte orientale de l'Inde. Mais les horreurs de la guerre et les souffrances infligées aux populations vaincues inspirèrent de profonds remords au souverain. Dès lors hostile à toute violence, il résolut d'embrasser la foi bouddhique et de vouer son règne à la propagation de la doctrine du Bienheureux. Si les sources bouddhiques font volontiers état des largesses extrêmes d'Ashoka envers la communauté monastique ainsi que des 84 000 *stûpa** (!) édifiés de son vivant, des édits sur rocs (les *dhammalipi*, ou « édits de l'Ordre ») et de hauts piliers commémoratifs aux fûts gravés d'inscriptions – qui constituent à la fois les premiers témoignages d'épigraphie indienne et les plus anciens textes bouddhiques connus – attestent la conversion du souverain au bouddhisme et éclairent son mode de gouvernement, pacifique et empreint de morale bouddhique, mais aussi de tolérance envers les sectes étrangères à cette doctrine. Ainsi Ashoka avait-il nommé des « contrôleurs généraux de l'Ordre », chargés de veiller à ce que le *dharma**, le « Bon Ordre » soit observé dans tout l'empire. Soucieux du salut spirituel de son peuple, il incitait ses sujets à la non-violence (voir Ahimsâ) ; le souverain avait, du reste, interdit les sacrifices d'animaux et réglementé l'abattage des bêtes de boucherie. Le zèle missionnaire d'Ashoka s'étendit jusqu'à Ceylan, où le monarque avait envoyé son fils (ou son frère) Mahinda et sa fille Sanghamittâ prêcher la Loi du Bienheureux. AO

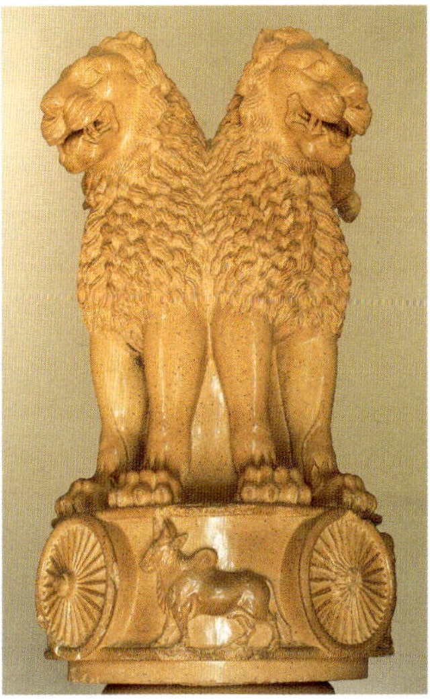

Chapiteau aux lions provenant d'un pilier commémoratif, IIIe siècle av. J.-C. Sârnâth, Inde.

tion dans l'aspiration de tout pénitent à obtenir, au prix d'intenses mortifications, le *tapas*, ou « chaleur ascétique », conférant aux ascètes des forces et des pouvoirs surnaturels. Au fil des siècles, l'attrait de l'ascétisme sur l'âme indienne se fit plus impérieux. Les « miracles » dont se rendaient capables certains ascètes parmi les plus éminents – telle la possibilité, au moyen d'exercices psychiques, de voir le passé et l'avenir – persuadèrent les âmes en quête d'expériences mystiques de la supériorité et de l'excellence de la voie ascétique. Cherchant la Voie de la Délivrance, Shâkyamuni lui-même (voir Buddha) se livra durant six années à la plus extrême ascèse, soumettant son corps à un jeûne progressif, puis total – qui manquera lui faire perdre la vie. Le Bodhisattva* réalisera alors l'inanité de la voie ascétique : il abandonnera et condamnera la pratique des austérités, jugées dangereuses autant que stériles. AO

AVALOKITESHVARA

Incarnation de la Compassion et par là même de l'idéal du *bodhisattva** dans toute sa pureté, Avalokiteshvara est l'une des entités du Grand Véhicule (voir Mahâyâna) les plus intensément vénérées en Asie. Si les tenants d'un modèle diffusionniste dans la formation du panthéon mahâyânique ont pu lui attribuer des racines iraniennes (à l'instar d'Amitâbha*), on considère plus largement que son culte apparaît en Inde au début de notre ère et trouve son origine dans une volonté de personnifier, à travers les grands *bodhisattva*, les vertus essentielles du bouddhisme. Il est le Grand Compatissant, celui qui prête attention aux prières de l'humanité souffrante, aussi l'étendue de ses pouvoirs salvateurs est infinie.

L'étymologie de son nom, si elle a donné lieu à diverses interprétations, souligne cette aptitude à percevoir les accents du monde : selon que l'on considère une désinence de la racine sanskrite *lok* (regarder) et *îshvara* (seigneur), ou la présence des termes *loka* (monde) et *svara* (son, voix), il est « le Seigneur qui abaisse son regard » ou « Celui qui perçoit les voix du monde ». C'est cette seconde compréhension du nom qu'ont retenue les exégètes chinois, sous la forme de Guanshiyin, abrégée en Guanyin (Kannon en japonais). Les principaux textes consacrés pour partie à ce *bodhisattva* décrivent de même son caractère éminemment secourable. Le 24e chapitre du « Sûtra* du Lotus de la Bonne Loi » énumère ainsi la multitude de dangers qu'il est capable de repousser, et les trente-trois métamorphoses sous lesquelles il est susceptible de se manifester pour mener tout être humain vers le salut (cette idée trouvera son prolongement au Japon dans l'établissement de pèlerinages* à trente-trois lieux saints consacrés à Kannon). Il est aussi celui qui accorde la maternité aux femmes désireuses d'enfants, et ce dernier aspect, particulièrement vénéré en Chine et au Japon, favorisera son assimilation avec la divinité indienne Hâritî, justifiant en partie sa féminisation occasionnelle dans ces pays. Les écrits relatifs à la doctrine de la Terre pure le présentent, aux côtés du *bodhisattva* de la Sapience Mahâsthâmaprâpta, comme l'acolyte principal du *buddha* Amitâbha*, dont il porte une effigie dans sa coiffure. Régnant à ses côtés sur le paradis* de l'Ouest et considéré comme son intermédiaire, il a pour fonction de guider l'âme du fidèle mourant jusqu'en sa Terre pure et figure à ce titre au sein des représentations japonaises d'Amida « s'en venant accueillir » (*raigô*), présentant un siège en forme de lotus. Le culte d'Avalokitesvara fut également introduit en Asie du Sud-Est et au Tibet, où les dalaï-lamas* sont considérés comme ses réincarnations. HB

Avalokiteshvara, Tekaran (Java central), VIIIe-IXe siècle.
Bronze argenté et doré. Jakarta, Musée national.

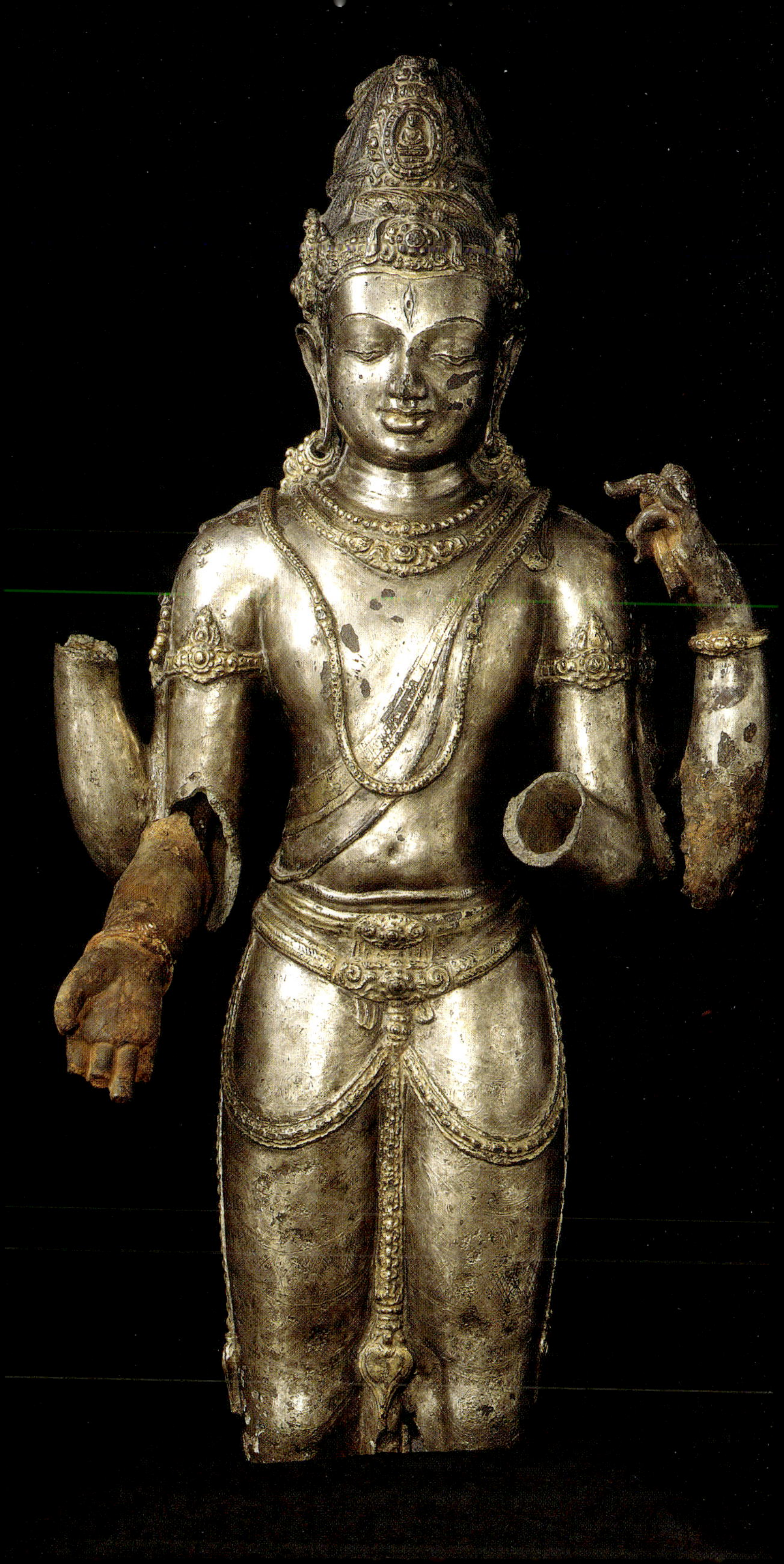

Bâmiyân

Sise au cœur de la chaîne montagneuse de l'Hindu Kush, l'oasis de Bâmiyân (dans l'actuel Afghanistan) constituait une étape florissante sur la longue et périlleuse route de la soie*. S'étirant sur deux kilomètres de falaise, plus d'une centaine de sanctuaires rupestres y exhibaient leurs somptueux plafonds dont les fresques, nourries de fortes influences indiennes et sassanides, véhiculaient avec verve les épisodes de la vie du Bienheureux. Mais ce sont surtout ses deux buddhas* colossaux taillés à même le roc (l'un de 38 m, l'autre de 55 m de hauteur) qui attiraient des quatre coins du monde bouddhique une foule de pélerins (voir Pélerinage). Ainsi le voyageur chinois Xuanzang témoigne-t-il de sa stupéfaction face à la plus grande des deux statues, lors de son passage dans la cité en 632 : « Ses couleurs dorées étincellent dans toutes les directions et ses ornements précieux éblouissent les yeux par leur éclat. » À la somptuosité de l'effigie s'ajoutait la splendeur des peintures : assis sur des trônes recouverts de tissus brodés, des *bodhisattva** aux gestes quelque peu précieux avoisinaient des musiciennes jouant de la harpe courbe. Le plus petit des deux buddhas se dressait, quant à lui, dans une niche voûtée, jadis elle aussi entièrement peinte. Le zénith en était occupé par la représentation d'une divinité d'allure iranienne, vraisemblablement Sûrya, le dieu Soleil, figuré

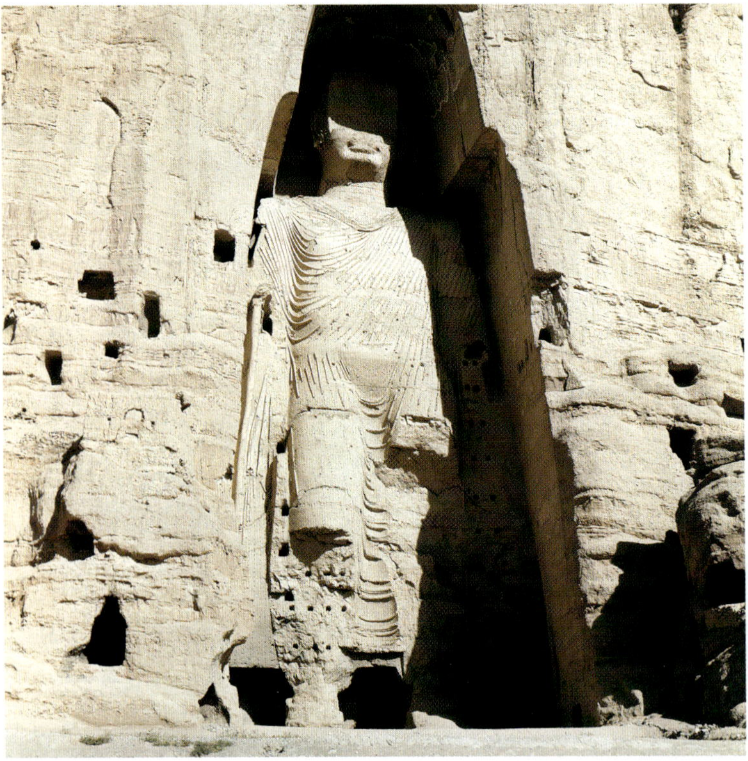

Buddha colossal. Bâmiyân (Afghanistan), IVe siècle environ.

debout sur son char tiré par quatre chevaux. Au terme des meurtrières années de guerre qui ont secoué cette région du monde, que reste-t-il cependant de ces joyaux ? Tout au moins le souvenir d'un moment unique en histoire de l'art, comme le maillon d'une grande chaîne qui va de l'Inde jusqu'au Gan-dhâra* pour atteindre l'Asie centrale et aboutir à Dunhang*... BGS

Bodh-Gayâ. Voir Éveil

Bodhidharma

Le succès rencontré en Chine dès l'époque Tang (618-907) par l'école du chan* explique que celle-ci ait éprouvé le désir de fonder sa légitimité sur une lignée de patriarches ancrée dans la tradition indienne. La figure de Bodhidharma, personnage dont l'aura légendaire contraste fortement avec la maigreur des informations historiques le concernant – issues, à défaut de sources indiennes, d'un corpus de textes hagiographiques rédigés en Chine entre le VIe et le XIe siècle –, semble être venue combler ce besoin de filiation spirituelle. Il fut considéré à partir du début du VIIIe siècle comme le 28e patriarche indien et le premier patriarche chan. Selon les données les plus vraisemblables, il s'agirait d'un moine venu d'Inde du Sud en Chine en 520 (ou 480 selon des études récentes), adepte de pratiques ascétiques orthodoxes. Il aurait développé en Chine théorie et pratique de la méditation*, en premier lieu au monastère* Shaolin du mont Songshan, initiant deux disciples. Il serait mort à Luoyang peu avant 534. Les traditions chinoises et japonaises l'ont crédité très vite de l'établissement de deux aspects essentiels au développement de la pensée du chan (en japonais, zen) : une pratique et une transmission hors des textes du canon bouddhique, relayées par une introspection visant à la réalisation de sa propre nature de *buddha*.

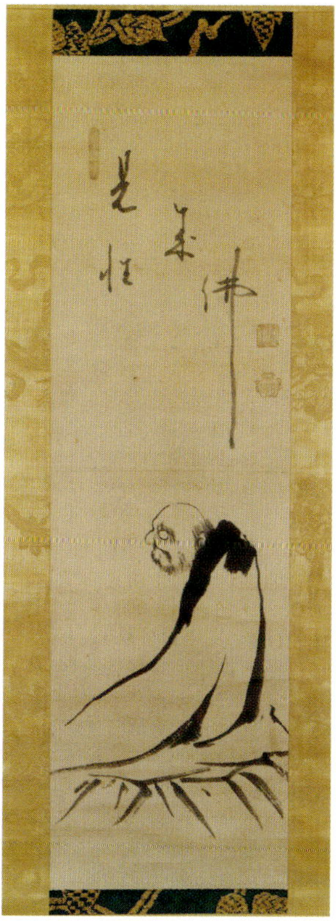

Bodhidharma assis en méditation, Hakuin Ekaku (1685-1768). Encre sur papier. Paris, musée Guimet.

« Personnification de l'essence des enseignements du zen » (selon les termes de Bernard Frank), Bodhidharma a profondément inspiré les peintres chan d'Extrême-Orient, qui se sont fait l'écho des épisodes les plus mythiques de sa biographie : la méditation assise de neuf années face au mur, le retour vers l'Inde après sa mort, chaussé d'une seule sandale de corde (la seconde demeurant dans sa tombe vide). HB

BODHISATTVA
« Des êtres de pure Compassion »

Étymologiquement, *bodhisattva* signifie un être (*sattva*) d'Éveil* (*bodhi*), un « être promis à l'Éveil ». Il s'agit donc, en premier lieu, d'un être humain ayant acquis la capacité d'atteindre l'Illumination et d'entrer dans la carrière de *buddha*. Concept essentiel de la doctrine du Mahâyâna*, il est néanmoins présent dans le contexte du bouddhisme ancien et le glissement de sens qui s'est opéré révèle en partie l'inflexion majeure que connut la Doctrine avec l'éclosion de la pensée du Grand Véhicule. Dans les textes du Hînayâna*, ce terme se réfère en effet essentiellement au Buddha* Shâkyamuni dans les temps qui précédèrent son Éveil, tant dans sa dernière existence que dans les récits de ses vies antérieures (*Jâtaka**), et au futur Buddha Maitreya*. Il a été progressivement doté d'une portée sémantique plus abstraite et plus vaste, un *bodhisattva* étant celui qui fait sien le vœu d'obtenir l'Illumination pour le bien des autres êtres. C'est la dimension altruiste de ce vœu (*pranidhâna*, ce mot recouvrant aussi l'idée de résolution) ainsi que son universalité que les *sûtra** du Mahâyâna soulignent et développent ; en profonde empathie avec l'humanité souffrante, « héros de charité et de sacrifice » (*Hôbôgirin*, II), les *bodhisattva* ne sont plus conçus uniquement comme des *buddha* à venir, mais comme des êtres de pure Compassion ayant renoncé à l'Éveil* afin de mener tous les hommes jusqu'au salut. La voie du *bodhisattva*, acceptant dans ce but de renaître indéfiniment pour accumuler des mérites dont le bénéfice est transféré aux êtres humains, ne pouvait que venir concurrencer l'idéal de l'*arhat**, poursuivant hors du monde une libération individuelle. Profondément novatrice dans ses objectifs, elle l'est aussi par son accessibilité en théorie universelle, puisque chacun, hors même la communauté monastique, est susceptible de s'y engager. Enfin, sa pratique est caractérisée par la réalisation de six vertus, ou « Perfections », par lesquelles se manifeste sa sainteté : le don, la moralité, la patience, l'énergie, la méditation et la sapience. HB

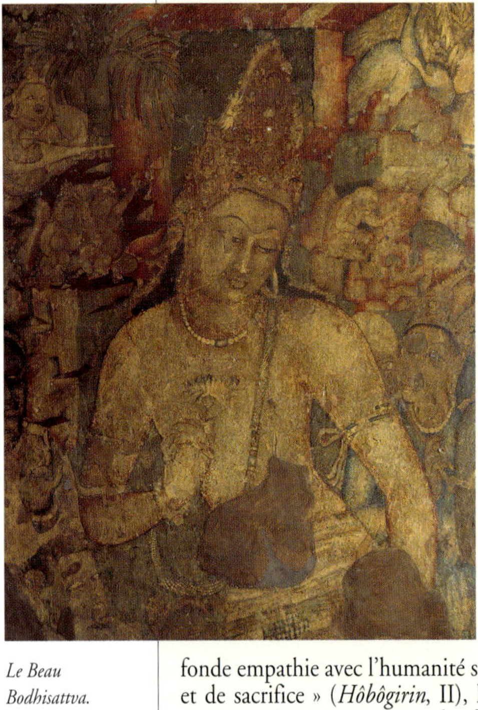

Le Beau Bodhisattva. Peinture murale, fin du Ve siècle. Ajantâ, caverne n° 1 (Inde).

■ **Borobudur**
Peu de monuments ont autant excité l'imaginaire des chercheurs que le Borobudur, imposant sanctuaire situé à une quarantaine de kilomètres au nord de Jogjakarta, dans la partie centrale de l'île indonésienne de Java. Curieuse dualité, en effet, que cette structure pyramidale à gradins dont l'aspect hémisphérique répond à une vocation bouddhique évidente. L'originalité même du Borobudur tient à son histoire, particulièrement mouvementée. Lorsque la dynastie bouddhique des Shailendra s'établit dans l'île, vers le milieu du VIIIe siècle, elle trouve alors une pyramide inachevée, vraisemblablement destinée à un culte hindouiste. Souhaitant effacer ce signe manifeste de la puissance de leurs prédécesseurs, les nouveaux souverains décident alors de remanier radicalement l'architecture du monument pour le métamorphoser en *stûpa** bouddhique. Édifié à flanc de colline, à proximité du confluent de deux fleuves, l'Elo et le Prego (sans doute pour rappeler les deux autres fleuves, saints entre tous, le Gange et la Yamunâ), le Borobudur comprend quatre galeries, constituées des gradins mêmes de la pyramide, que ferme à l'extérieur une balustrade. Le couronnement est formé, quant à lui, d'un plateau sur lequel s'élèvent trois terrasses ponctuées de *stûpa* en réduction. Davantage encore que le plan et la taille (113 m de côté), c'est l'iconographie qui apparaît proprement stupéfiante ! Riche de près de 1 460 reliefs narratifs, auxquels s'ajoutent 504 images du Buddha*, le Borobudur apparaît, à cet égard, comme le plus extraordinaire livre d'heures de la doctrine du Bienheureux. Bien plus ! Véritable support de méditation*, c'est un *mandala** que l'on gravit progressivement pour atteindre l'Éveil*, grâce à un rite de circumambulation savamment codifié (répété jusqu'à dix fois et toujours dans le sens des aiguilles d'une montre). BGS

Vue aérienne du Borobudur, Java.

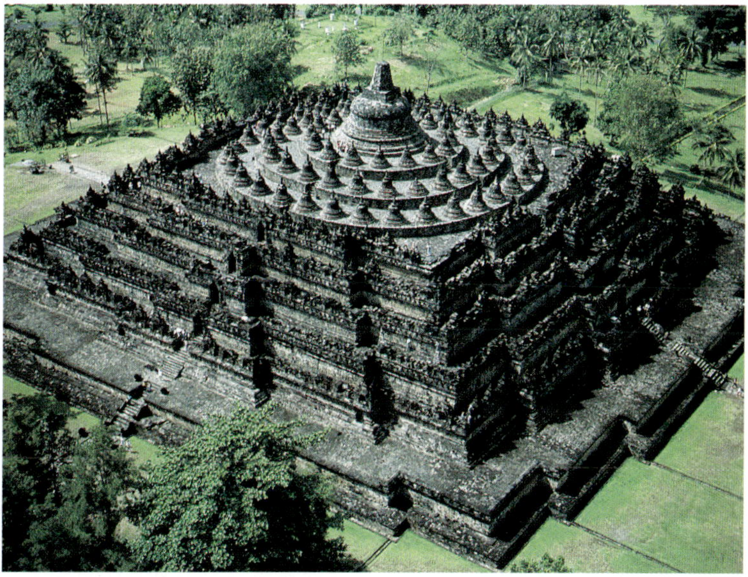

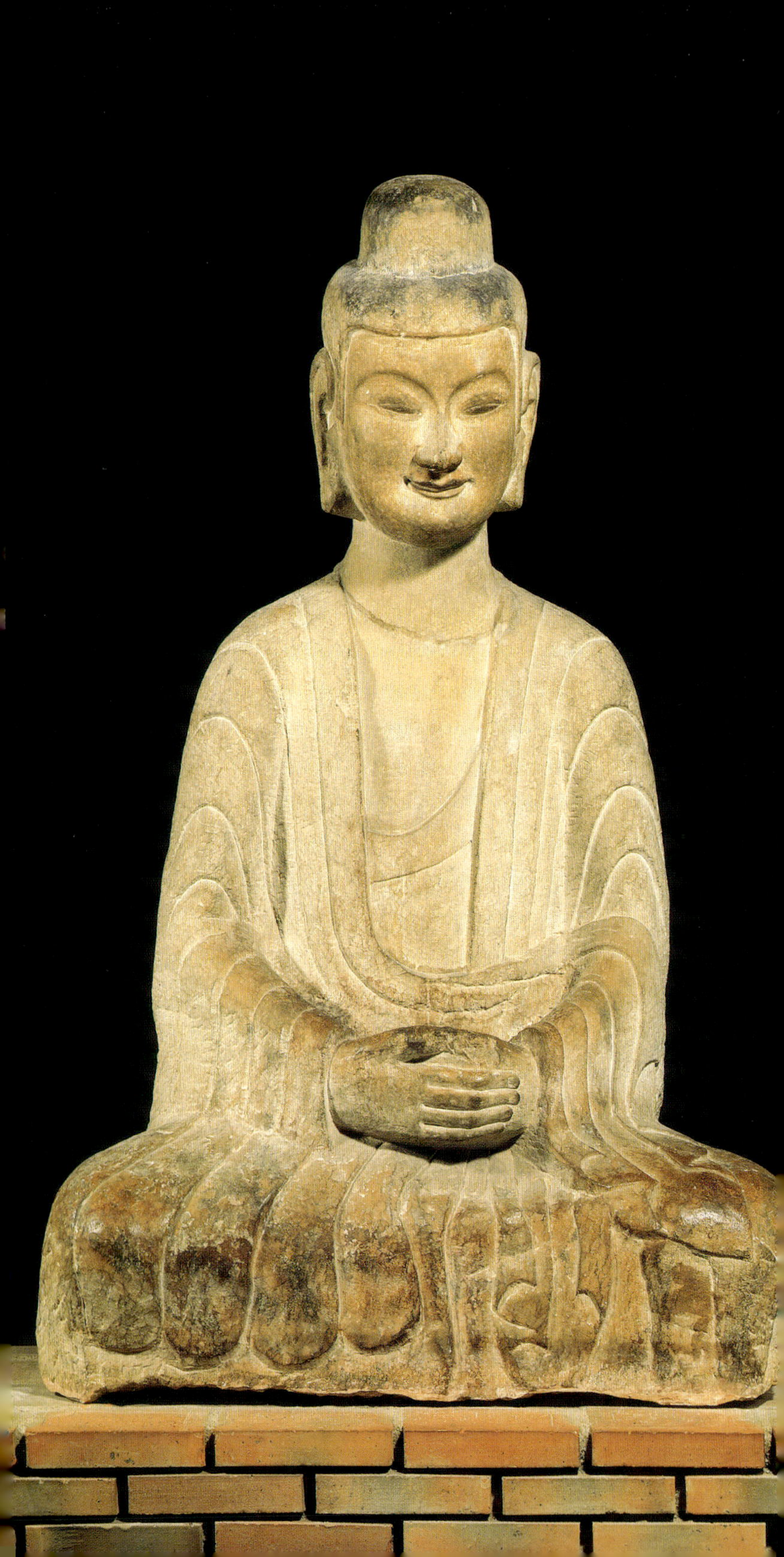

BUDDHA

Bien qu'elle ait été niée autrefois, l'historicité du Buddha ne l'est plus aujourd'hui. Les indianistes ne cessent cependant de se perdre en conjectures sur les dates exactes de sa biographie, enrichie au fil des siècles d'épisodes merveilleux...

Celui qui allait devenir « Buddha » (c'est-à-dire l'Éveillé) serait né vers le milieu du VIe siècle avant notre ère, dans la principauté de Kapilavastu, à quelque 240 km de Bénarès, aux confins du Népal actuel. Sa famille était de caste guerrière et appartenait à la lignée des Gautama. La légende raconte que c'est sous la forme d'un éléphant blanc que le Buddha entra dans le sein de sa mère. Ressentant les premières douleurs de l'enfantement, la reine Mâyâ s'appuya sur la branche d'un figuier : de son flanc droit jaillit miraculeusement le prince Siddhârtha appelé au plus grand des destins.

Élevé par la sœur de sa mère (emportée sept jours après la naissance de son fils, par une fièvre maligne) et par son père, le roi Shuddhodana, l'enfant mène une existence heureuse au sein du palais. Il fait preuve très tôt d'une intelligence et d'une force hors du commun. Cependant, quatre rencontres (un vieillard, un malade, un mort, un religieux) l'amènent à réfléchir sur la précarité et la souffrance de la condition humaine. À la vue des femmes endormies dans le palais (qui évoquent en lui le spectacle d'un charnier), Siddhârtha renonce à sa condition princière pour devenir un religieux errant... Durant six années, le jeune homme écoute les enseignements des ascètes brahmanes et se livre aux jeûnes et aux macérations. Mais, en dépit de ses efforts, il ne parvient pas au salut. C'est à Bodh-Gayâ qu'il prend la résolution de méditer pour trouver la solution suprême. Cherchant à troubler sa concentration, Mâra, dieu de la Mort et maître de l'illusion, lance sur lui ses armées de monstres, puis, en désespoir de cause, ses propres filles pour le séduire ! Rien n'y fait : le Bienheureux demeure inébranlable et atteint l'Éveil*. Il est désormais « Buddha », l'Éveillé...

Dans le Parc aux gazelles de Sârnâth, non loin de Bénarès, il prononce alors son premier sermon et met en mouvement la Roue de la Loi*. Pendant plus de quarante années, le Bienheureux fera entendre sa parole au fil de ses pérégrinations et augmentera, de façon considérable, le nombre de ses fidèles. C'est à l'âge de 80 ans qu'il s'éteindra à Kushinagara (voir Nirvâna), probablement vers 480 av. J.-C. Sa mort, au milieu de ses disciples, rappelle, à bien des égards, celle d'un autre sage de l'Antiquité, Socrate.

Le corps du Bienheureux fut alors incinéré, et ses ossements distribués entre les princes de l'Inde qui érigèrent des *stûpa** pour les conserver pieusement. Bien des siècles plus tard, le souvenir de Buddha allait susciter des représentations* savamment codifiées, reflets d'une piété jamais démentie... BGS

Buddha assis en méditation,
Henan (Gongxian, Chine), seconde moitié du Ve siècle.
Calcaire gris. Paris, musée Guimet.

Cavernes

L'architecture de l'Inde ancienne se distingue par l'importance accordée aux fondations rupestres, dont les plus anciennes – telles les sept cavernes des collines de Barâbar et de Nâgârjunî, dans le Bihâr – datent de l'époque Maurya (IVe-IIe siècle av. J.-C.), et les plus tardives du IXe siècle. Le développement de l'architecture rupestre qui joua un rôle considérable pour le bouddhisme, mais aussi pour le jaïnisme* et pour le brahmanisme, semble être l'aboutissement de pratiques ancestrales qui voyaient autrefois les ascètes et les « renonçants » de l'Inde trouver refuge dans des grottes ou des cavernes naturelles, notamment lors de la saison des pluies. De la même façon, les moines bouddhistes (voir Sangha) qui, durant la saison sèche, parcouraient le pays afin d'y prêcher la Loi, se voyaient contraints, pendant les longs mois de la mousson, de se regrouper en des lieux protégés, monastères* excavés dans le roc ou construits en matériaux périssables (et aujourd'hui disparus). Monastères et sanctuaires rupestres constituent de véritables ensembles monastiques caractéristiques du bouddhisme indien. Les sanctuaires (*caitya*) affectent la forme d'une longue nef voûtée terminée par une abside et flanquée sur les côtés d'une colonnade. Au centre de l'abside se trouve le *stûpa** ou *dâgoba*, dôme supporté par un tambour circulaire abritant une relique* du Buddha*. La façade du *caitya* est le plus souvent constituée d'un écran percé de petites portes et surmonté d'une large fenêtre ouverte en fer à cheval – motif architectural cher aux sculpteurs indiens –, formant auvent et assurant l'éclairage à l'intérieur du sanctuaire. Si les *caitya* étaient pour les fidèles un lieu de culte et de dévotion, c'est dans les monastères (*vihâra*) que les moines résidaient en permanence ou trouvaient un refuge temporaire durant la saison des pluies. Vastes salles quadrangulaires, les *vihâra* ouvraient d'un côté sur une véranda hypostyle donnant sur l'extérieur et, comportaient, sur les trois autres côtés, des cellules destinées aux moines, parfois munies de banquettes taillées dans le roc. Les sanctuaires et monastères rupestres de l'Inde, dont l'architecture s'inspirait à l'origine des procédés de construction en bois, influencèrent en retour les fondations rupestres bouddhiques d'Asie centrale et de Chine. AO

Buddha entouré de deux bodhisattva. Caverne n°10, Ellora (Inde), fin du VIe- début du VIIe siècle.

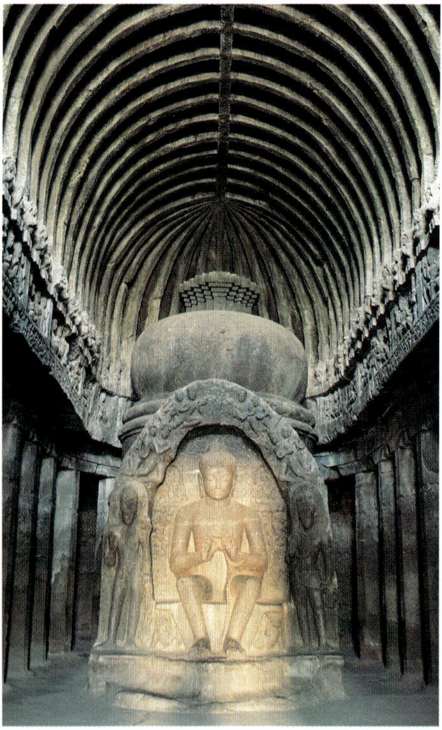

Chan

Alors qu'il prêchait sur le Pic des Vautours, le Buddha* montra une fleur à ses disciples, en silence ; seul Kâshyapa* comprit et sourit. Alors lui fut transmis, hors de toute doctrine et de tout texte, le sceau de l'Esprit de Buddha. Telle est l'origine de l'école du chan (de *dhyâna*, méditation* en sanskrit), éclose en Chine au VIe siècle, fondée par son premier patriarche Bodhidharma*.

Issue de la tradition du Mahâyâna*, elle oppose aux spéculations métaphysiques et aux pratiques ritualistes, souvent attachées à celle-ci, une apologie de la simplicité dans sa dimension la plus quotidienne et la plus concrète, un retour à l'intériorité par la concentration spirituelle (*samâdhi*), mais aussi un espace laissé à l'expérience du sensible et à la réalisation intuitive. Dans le déni des Écritures qui fonde l'attitude du maître chan, il y a ce paradoxe sans cesse réaffirmé d'une transmission directe comme seule possible, sans un mot qui ne soit dit ni écrit, « de cœur à cœur ». De même l'Éveil* ne sera-t-il atteint, selon Huineng (6e patriarche) et l'école dite « subitiste » du Sud (qui prétend à un accès à l'Éveil immédiat, opposé en cela au courant gradualiste), qu'instantanément, par la réalisation spontanée d'une sapience intuitive, transcendantale (*prajnâ**) résidant dans les profondeurs de notre inconscient.

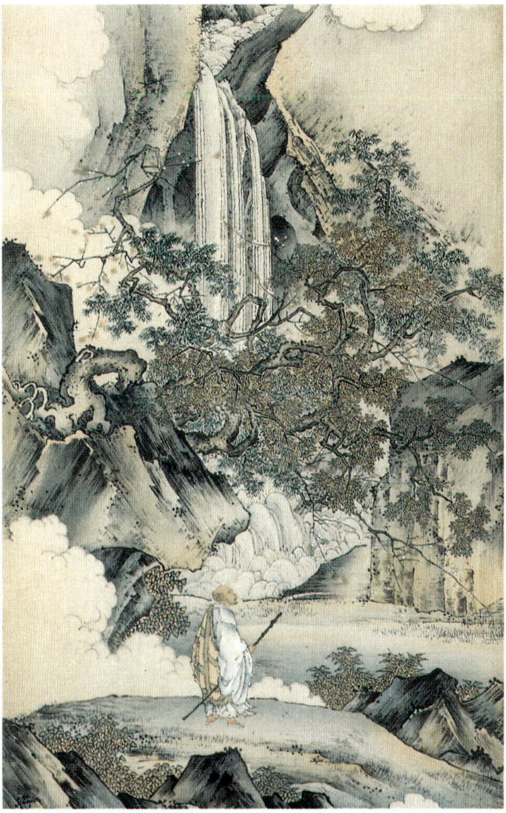

« Ce ne sont pas les mots qui permettent à l'homme de comprendre ; Il faut d'abord devenir un homme pour les comprendre. »

Brindilles, traduction de L. Wang et de J. Masui, 1963.

Les deux courants majeurs du chan nés en Chine au IXe siècle, l'école de Linji (en japonais, Rinzai) et l'école Caodong (en japonais, Sôtô), furent transmis au Japon au début de l'époque de Kamakura, par Eizai et Dôgen respectivement. Ces deux écoles y exercèrent une influence politique et culturelle déterminante entre le XIVe et le XVIe siècle, particulièrement sensible dans le domaine de la littérature et de la peinture à l'encre. HB

Moine chan dans un paysage, près d'une cascade. Peinture sur soie. Tokyo, Musée national.

CULTE (OBJETS DE)

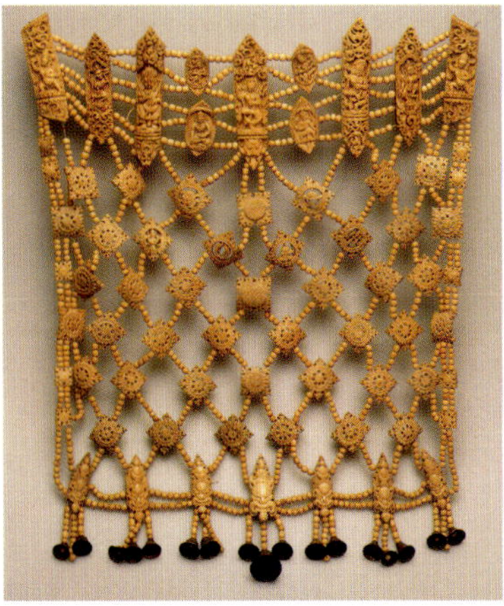

Tablier rituel, Tibet. Os humain.
Paris, musée Guimet.

Peu de fidèles ont autant porté à un point de sophistication extrême leurs objets de culte que les bouddhistes tibétains. Il est vrai que pour ces adeptes du tantrisme*, vies politique et religieuse se mêlent étroitement, profane et sacré ne font qu'un. Jacques Bacot, qui voyagea au début du XXe siècle dans cette contrée de montagnards et de moines, n'écrivit-il pas que « l'occupation naturelle de ses habitants est la prière » ?

Scandant inlassablement le pas des pèlerins, le *kor-ten* ou *chos-kor* (plus connu sous son nom familier de « moulin à prières ») renvoie ainsi au premier enseignement du Buddha*, lorsque ce dernier, exposant à ses disciples les Quatre Nobles Vérités, mit pour la première fois en branle la Roue de la Loi*. Composé d'un corps creux cylindrique renfermant des prières ou des formules sacrées, il est actionné par un manche que le fidèle tourne toujours dans le sens de la marche solaire. Le léger crissement qu'il émet alors symbolise l'envol des prières dispersées aux quatre vents…

Autre attribut essentiel du pèlerin, la *mâlâ* se présente sous la forme d'un rosaire composé de cent huit grains dont la vocation n'est autre que de compter le nombre de prières ou de tout autre formule sacrée. C'est généralement de la main droite que l'on égrène ses perles ; au repos, on préfère le porter enroulé au poignet gauche. Les matériaux qui le composent surprennent par leur éclectisme : bois, graines, verre, pierres semi-précieuses, corail, turquoise, jade, et parfois même fragments d'os humains, découpés dans cent huit calottes crâniennes !

Quant au foudre (*vajrâ*) et à la clochette (*ghanta*), aucun rituel, aucune

Ci-dessous : *Moulin à prières*, Tibet. Bronze doré, h. 11 (sans le manche). Paris, musée Guimet.

Ci-contre : moulins à prières, Népal.

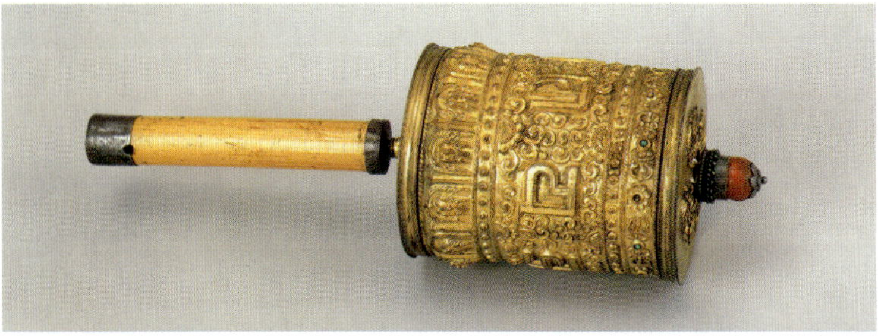

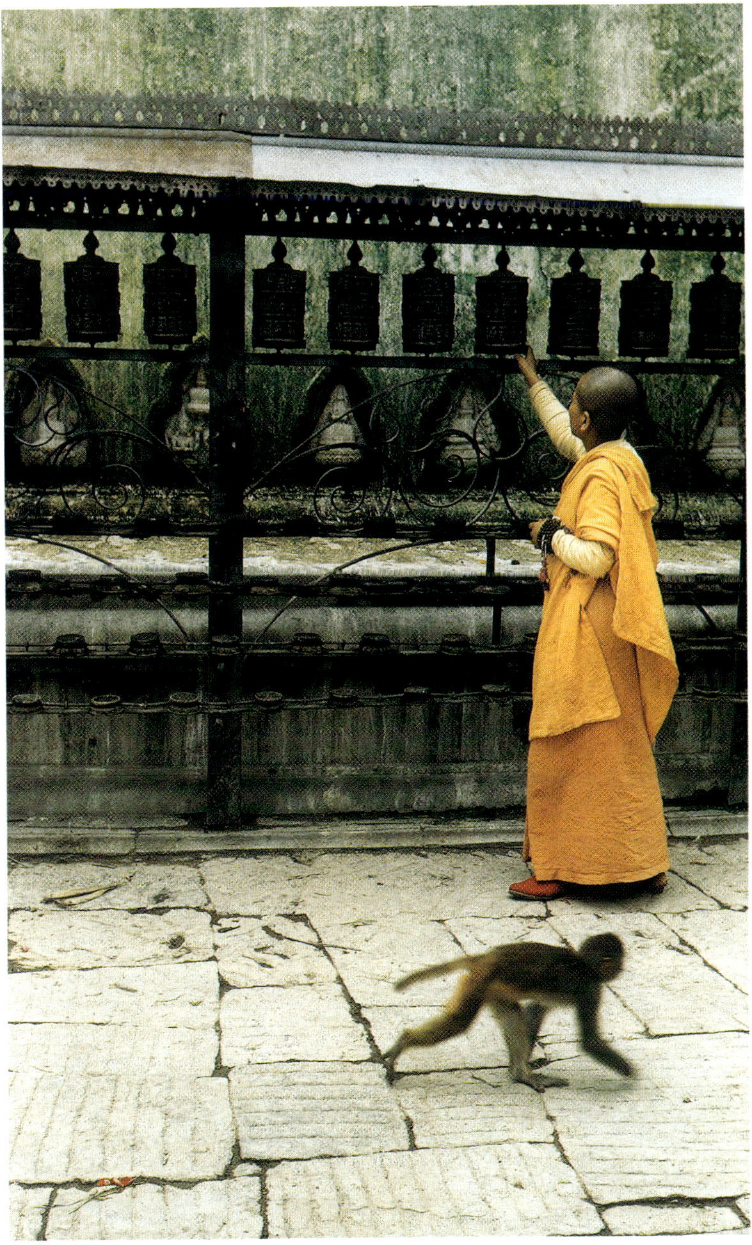

cérémonie ne se conçoivent sans eux. Ces instruments qui résument à eux seuls le tantrisme tibétain ne symbolisent-ils pas l'unité du pouvoir masculin et de l'énergie féminine, l'indissoluble alliance de la méthode (les moyens) et de la sagesse ? Mais qui dit religion dit aussi musique. Trompes téléscopiques (*radong*) jouées par paires du haut des toits des monastères, cymbales scandant la présentation des offrandes, grands tambours frappés au rythme des processions… autant de sonorités pures et lancinantes, quoique vaguement effrayantes pour l'oreille du profane ! BGS

Tendzin Gyatso, 14e dalaï-lama, à Dharamsala (Inde du Nord).

Dalaï-lama

« Océan de sagesse », tel est le terme particulièrement respectueux que les Tibétains emploient, depuis le XVIe siècle, pour désigner leur autorité tant spirituelle que temporelle : le dalaï-lama. Considéré comme une incarnation humaine du *bodhisattva** Avalokiteshvara* (tout au moins depuis le cinquième du nom), cet être d'exception assume donc la lourde responsabilité d'être le chef à la fois politique et religieux de son pays, quelles que soient les vicissitudes de l'histoire, les caprices du destin…

L'institution historique du dalaï-lama s'explique par cette notion inhérente à la doctrine du Bienheureux qu'est le cycle des renaissances ou *samsâra** : tout être, quelle que soit sa condition, porte en lui le germe de l'Éveil* et finira par l'atteindre. D'où l'impérative nécessité de la ronde des naissances pour y parvenir. Certains êtres, plus doués que d'autres, ont même la faculté de choisir sous quelle forme ils souhaitent réapparaître pour parachever ce « devenir ». Ce sont ceux que les Tibétains nomment *tulku* (littéralement, « corps de transformation »), c'est-à-dire des réincarnations de maîtres revenus dans un corps « neuf », afin de poursuivre la tâche qui leur avait été assignée dans une vie antérieure.

L'actualité a tragiquement porté ses feux sur le dernier dalaï-lama, quatorzième du nom, contraint de fuir, en 1959, son pays occupé par les autorités chinoises. Bien que condamné à l'exil, Tendzin Gyatso n'en demeure pas moins, aux yeux de son peuple, le Protecteur de la Foi, mais aussi le garant de la culture et de l'identité tibétaines. BGS

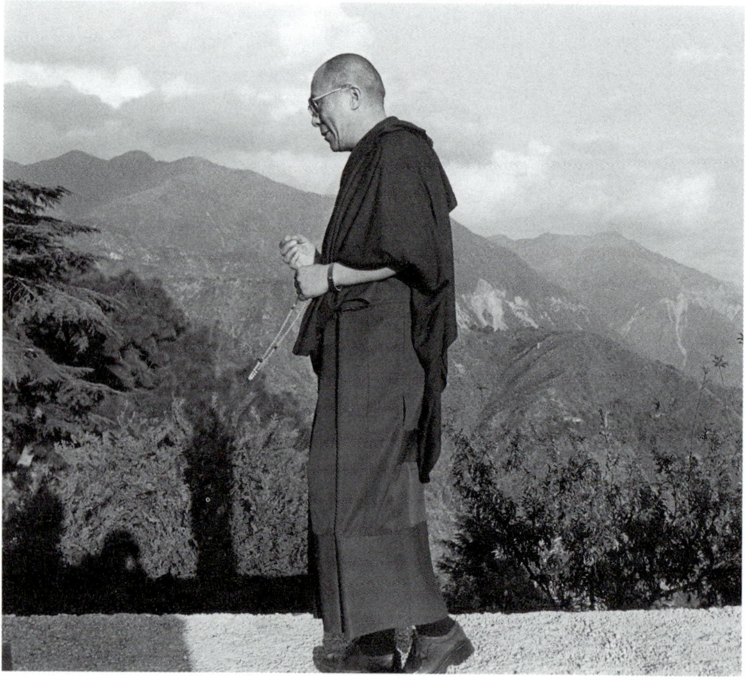

DEVA
Ni tout-puissants, ni libres, ni éternels...

Les *deva*, déités ou êtres célestes, constituent la quatrième catégorie d'êtres vénérés au sein du panthéon bouddhique, après les *buddha**, les *bodhisattva** et les Rois de science (personnification de l'efficacité des *mantra**), comme l'ont souligné les travaux de Bernard Frank. Comme tend à le refléter cette hiérarchie, les dieux sont loin d'être conçus, dans le contexte du bouddhisme, comme tout-puissants, libres et éternels. Hors de l'expérience de l'Éveil*, ils restent soumis au principe de rétribution des actes (*karman**) et au cycle des renaissances (*samsâra**), au même titre que les hommes. La littérature pâli* distingue trois acceptions de ce terme : les *deva* par consensus (c'est-à-dire les personnages royaux), les *deva* par purification (les saints libérés de toute passion) et les *deva* par naissance (déités célestes qui nous intéressent ici). De fait, leur statut divin n'est que le fruit d'un *karman* positif accumulé au cours d'existences antérieures, une renaissance heureuse (parmi les six voies possibles de transmigration [voir Enfers]) assumée pour un temps transitoire.

Les *deva* peuplent, selon la cosmologie bouddhique, trois plans différenciés de l'univers, ordonnés tous autour de l'axe central du mont Meru : les régions supérieures du plan du désir (lequel est aussi celui des êtres humains) ; le plan des formes ou des apparences (où les dieux, affranchis des désirs mais affectant encore des formes, sont classés en quatre niveaux correspondant aux quatre degrés de méditation*) ; enfin, le plan du « sans forme », domaine de pure spiritualité ou de pure conscience, situé à des hauteurs vertigineuses.

Issus, pour certains, du panthéon védique de l'Inde ancienne (c'est le cas d'Indra, Taishakuten au Japon), les *deva* ont été intégrés très tôt, bien qu'à un rang subalterne, au panthéon bouddhique en tant que divinités protectrices. Vénérés à ce titre, d'autant que leur était supposée une disponibilité à la mesure de leur proximité plus grande avec le monde des humains, ils sont fréquemment associés, dans le contexte du Mahâyâna*, à certains *bodhisattva*. HB

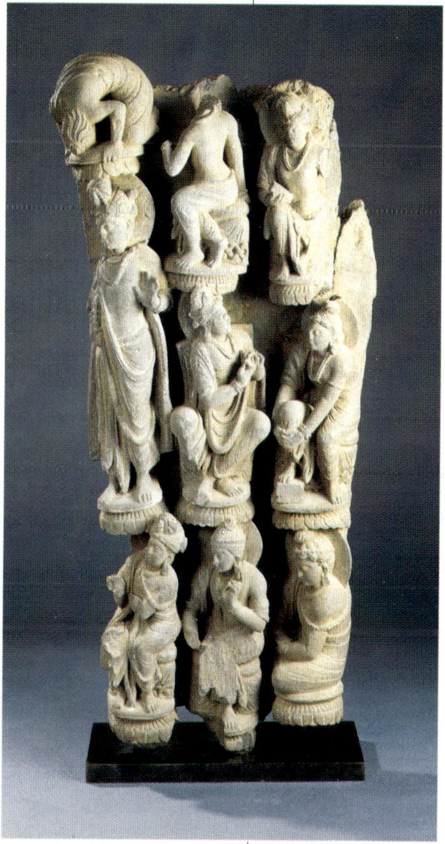

Devatâ et bodhisattva, Mardan (Pakistan), IVe-Ve siècle. Schiste gris. Paris, musée Guimet.

Dharma

Terme d'importance capitale, aux connotations multiples, le *dharma* – mot dérivé de la racine sanskrite *dhr*, « porter, soutenir » – désigne tout à la fois l'Ordre (moral et religieux), la Loi, la Morale, la Norme civique et religieuse. Il désigne également la norme universelle cosmique, les lois et les phénomènes résultant de l'ordre naturel des choses. Un ensemble de textes faisant autorité pour le *dharma*, appelés *Smriti* (« Tradition ») et *Dharmashâstra* (« Traités du Bon Ordre »), ont ainsi pour objet de définir la nature de l'univers, la structure de la société et les devoirs des quatre classes qui la composent. De ces dix-huit ouvrages fondamentaux, le *Mânavadharmashâstra*, ou « Lois de Manu » (Manu étant tenu pour le géniteur de la race humaine et le premier législateur) est le plus célèbre. Il traite, entre autres thèmes extrêmement divers, de la définition et des sources du *dharma*, des droits et des devoirs du roi (*râjadharma*), des différentes castes, mais aussi de questions relatives au droit séculier, au mode de gouvernement et à l'administration. Les textes hindous traitant d'éthique et de morale énumèrent, du reste, les quatre buts fondamentaux que tout homme doit atteindre dans la conduite de sa vie : en premier vient le *dharma* (la bonne disposition morale), suivi par l'*artha* (l'intérêt), *kâma* (l'amour), *moksha* (la Délivrance).

Dans le bouddhisme, le *dharma* (*dhamma* en pâli) désigne la Loi bouddhique telle que la définit l'enseignement du Buddha* Shâkyamuni – la Roue de la Loi* (*dharmachakra*) symbolisant la Loi et la doctrine du Bienheureux. AO

Dunhuang

Sise aux confins nord-ouest de la Chine (province actuelle du Gansu), sur les marges du désert de Gobi, l'oasis de Dunhuang fut très tôt partie prenante de l'histoire des échanges entre l'Empire chinois et les contrées indo-iraniennes auxquelles le reliaient les routes de la soie*. Bastion extrême-oriental de l'une d'elles, Dunhuang fut, dès le IVe siècle de notre ère, un carrefour commercial actif et un centre majeur d'enseignement bouddhique. L'ensemble religieux des « Grottes aux Mille Buddha » (Qianfodong), situé à quelques kilomètres de la cité, constitue un témoignage précieux de l'art bouddhique tel qu'il s'épanouit le long de ces pistes de caravanes.

Aménagés à flanc de falaise entre le Ve et le XIVe siècle, ces sanctuaires rupestres (on en comptait plus de mille à l'époque Tang) attestent, dans leurs choix architecturaux et décoratifs, de la rencontre d'univers esthétiques contrastés et de la diffusion vers l'est de schémas originaires de l'Inde Gupta, d'Iran ou d'Asie centrale. Schémas ultimement sinisés, comme le montre la disparition, à partir de l'époque Sui (589-618), du pilier central, hérité de l'archi-

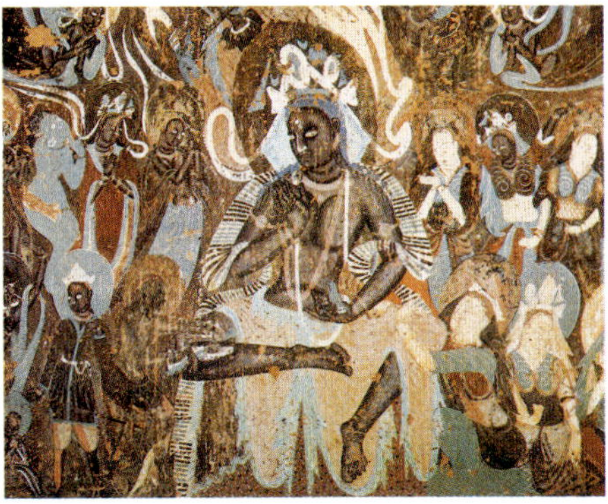

Jâtaka du roi Shibi. Peinture murale. Dunhuang (grotte 254), fin du Ve siècle (dynastie des Wei du Nord).

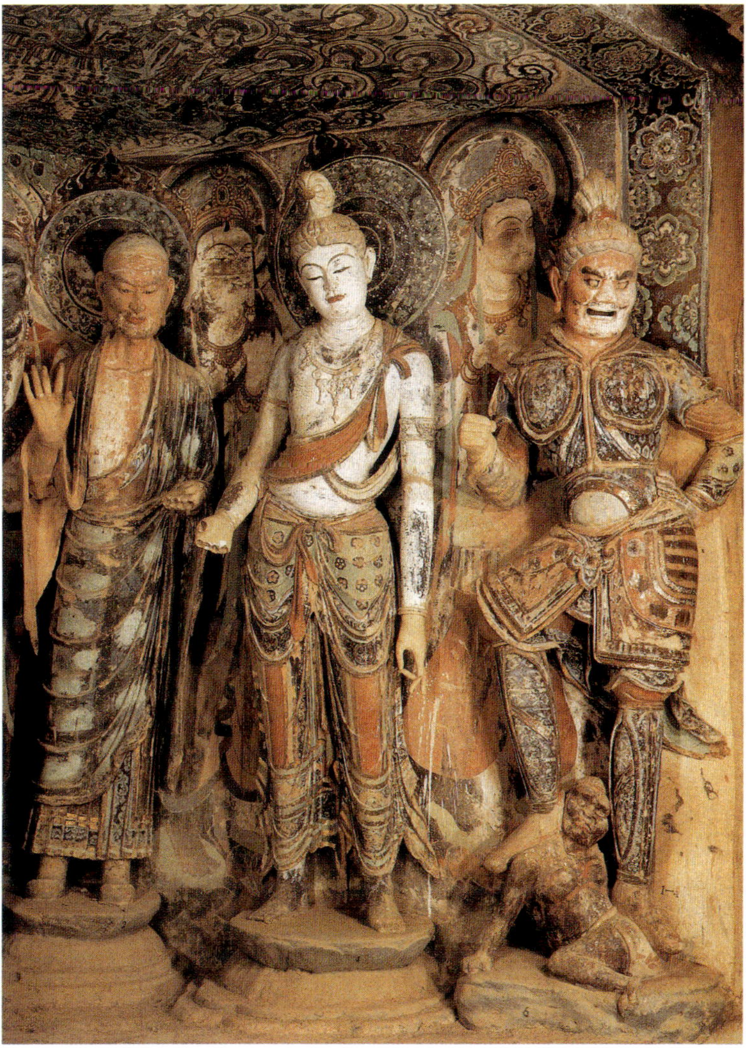

tecture indienne des cavernes*. Si les peintures murales des grottes les plus anciennes (V^{e}-VIe siècle) illustrent majoritairement des *Jâtaka**, mêlant des notions stylistiques d'origine occidentale (modelé) à des éléments de paysage purement chinois, l'époque Tang (618-907) privilégiera de vastes représentations des Terres pures des *buddha* telles que les textes du Mahâyâna* les décrivent.

La découverte, en 1900, d'un dépôt muré au XIe siècle (grotte 16) abritant manuscrits et bannières votives répartis depuis entre Londres (mission Aurel Stein), Delhi et Paris (Bibliothèque nationale et musée Guimet [mission Paul Pelliot]), a permis, en outre, d'éclairer les apports manifestes de l'Inde, de l'Asie centrale et du Tibet dans l'élaboration de l'art de Dunhuang. HB

Assemblée sainte. Torchis polychrome. Dunhuang (grotte 45), 618-907 (dynastie Tang).

ENFERS
Un passage transitoire

Les Enfers bouddhiques sont l'une des six voies possibles de transmigration des âmes (voir Samsâra). Ils constituent le lieu d'un passage transitoire, dont la durée est fonction du temps nécessaire à la consomption des démérites acquis au cours d'existences antérieures. La pensée bouddhique a conçu très tôt l'existence, dans le cosmos, de Six Voies (en sanskrit, *gati*) superposées les unes aux autres, axées sur le mont Meru, correspondant à six destinées, des plus misérables aux plus heureuses : celles des Enfers, puis des *Preta* (ou Trépassés, condamnés à la faim et à la soif perpétuelles), des Animaux, des *Asura* (ou Titans, cités dans les textes comme des dieux déchus), des Hommes et enfin des *Deva**. Si les textes du Hînayâna* n'offrent pas toujours de description systématique des mondes infernaux, ils établissent néanmoins une géographie de huit enfers « chauds », chacun pourvu de seize enfers annexes, espaces souterrains et enténébrés de souffrances définies par la nature des actes commis anciennement. À ceux-ci, parfois associés à l'image symbolique et explicite d'une fosse de charbons ardents, s'ajoutent huit enfers « froids ».

Ces descriptions littéraires ont suscité en Asie centrale puis en Chine, l'élaboration de peintures à vocation liturgique et didactique, s'attachant à évoquer les tourments endurés dans les mauvaises voies de renaissance. Au Japon, où cette iconographie angoissante est connue depuis l'époque de Nara* (des « paravents aux Enfers » étaient exposés lors de rites de repentance), se sont développés, à partir de la fin du XIIe siècle, de véritables cycles de peintures illustrant les Six Voies. C'est aussi en Haute-Asie (région formée par la province chinoise actuelle du Xinjiang et du Turkestan) et en Extrême-Orient que s'est précisée l'image d'un tribunal des dix Rois des Enfers, présidé par Yama, devant lequel étaient censés comparaître les défunts. HB

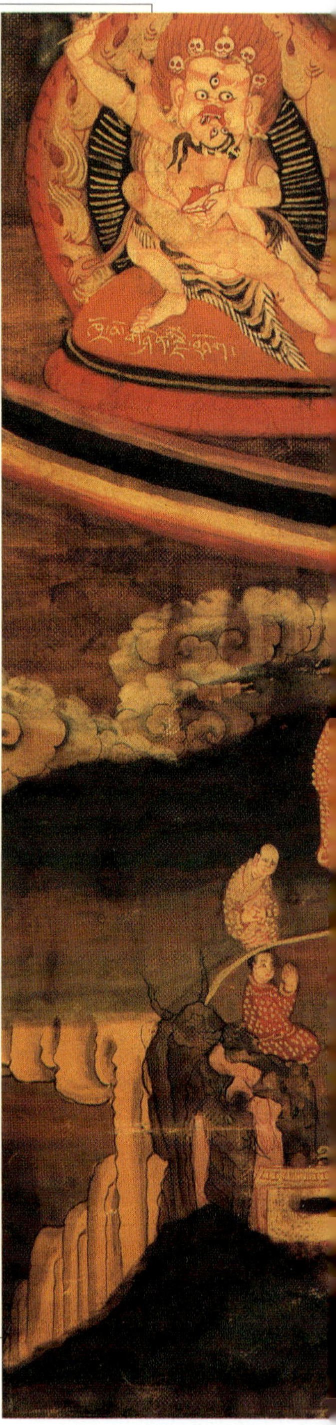

Scène des Enfers, partie inférieure d'un thangka, Tibet oriental, XIXe siècle. Détrempe sur toile. Paris, musée Guimet.

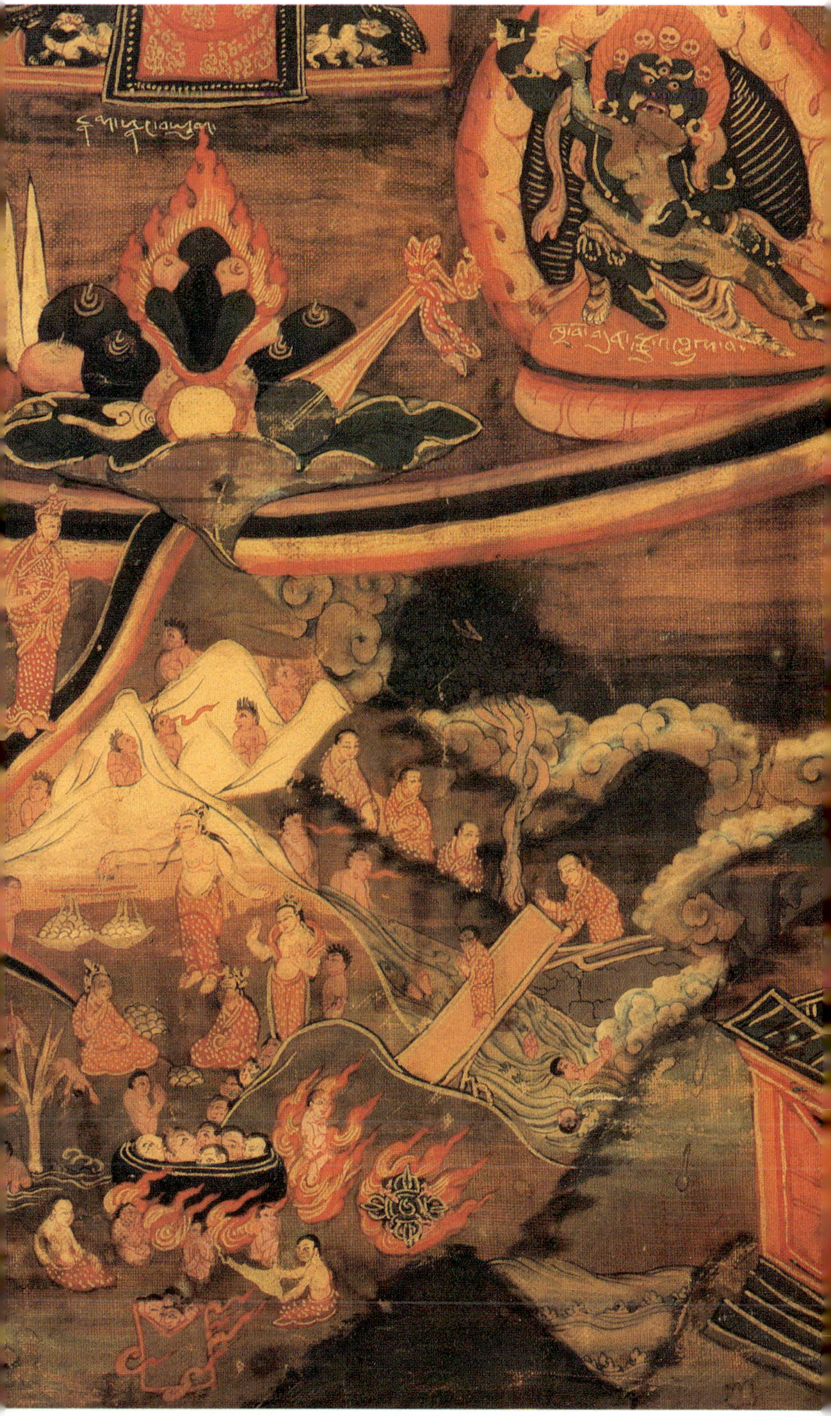

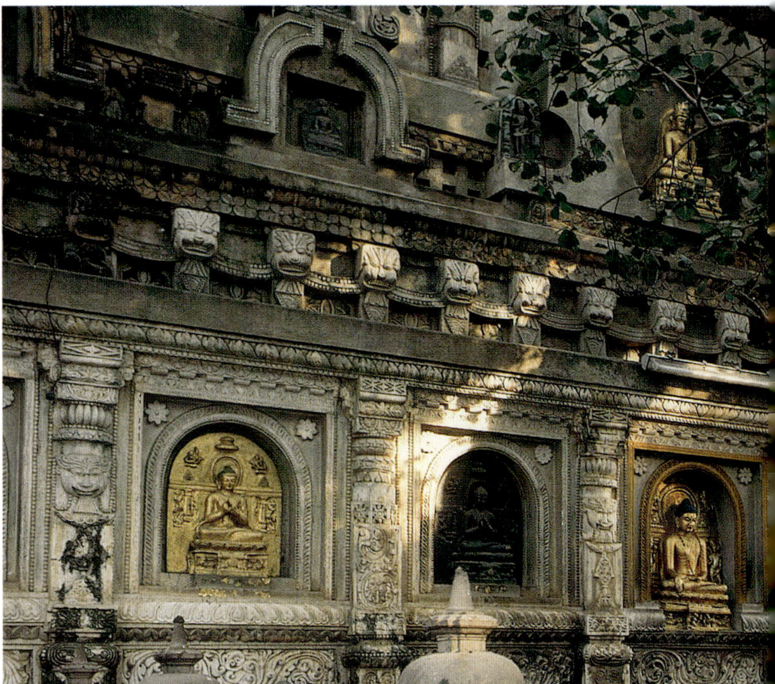

Éveil

C'est à Bodh-Gayâ que Shâkyamuni, triomphant de l'assaut et de la tentation de Mâra*, entra en méditation* sous un arbre – le *pippal*, ou *Ficus religiosa* – et obtint le « suprême et parfait Éveil » (*abhisambodhi*), lors de la pleine lune du mois de *vaishâkha* (avril-mai). Assis sur une jonchée d'herbe *kusha,* le visage tourné vers l'est, le Bodhisattva* parcourut, durant la première veille de la nuit, les quatre stades successifs de la méditation qui libèrent l'esprit des états psychiques, accédant ainsi à la « pureté totale d'imperturbabilité ». Durant la deuxième veille,

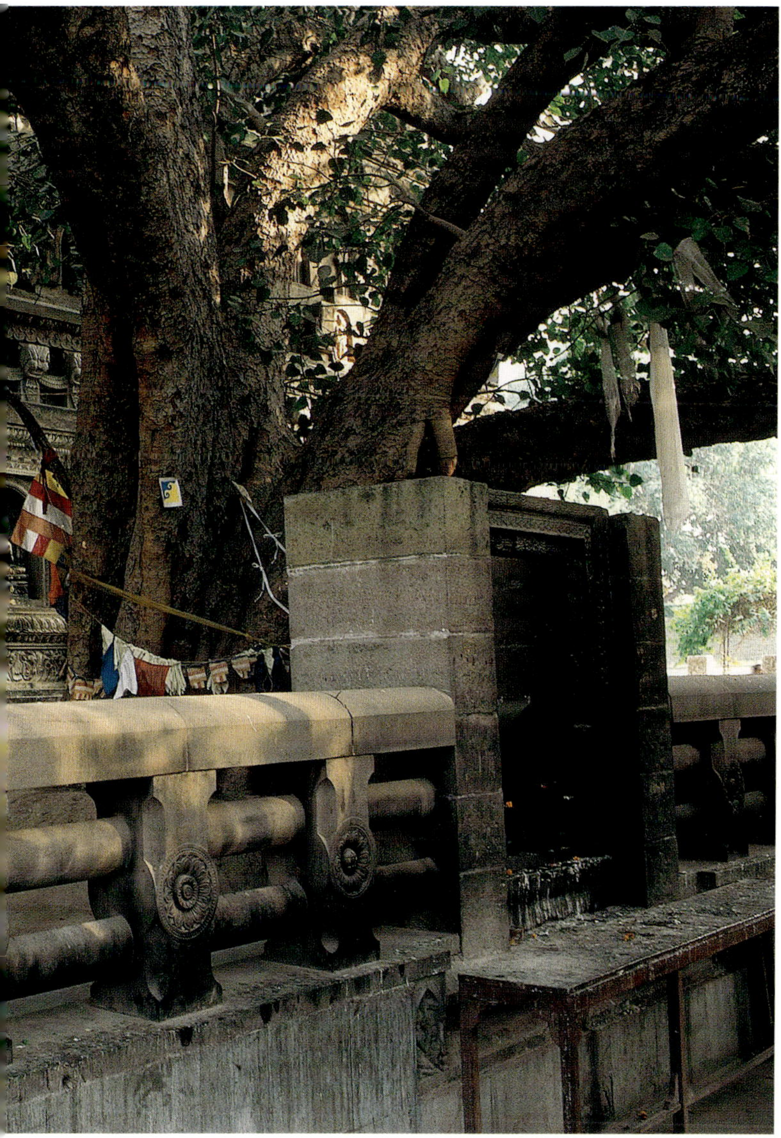

il vit de son « œil divin » l'entière succession de ses existences passées ainsi que celles des autres êtres et il prit conscience des souffrances sans fin qu'engendre le retour incessant des renaissances et des morts déterminé par le *samsâra**. Lors de la troisième veille, enfin, comprenant l'enchaînement des conditions de la douleur, puis définissant la loi de « production réciproque » des causes et des effets, ainsi que les conditions nécessaires à la destruction de cette production, le Bodhisattva – possédant désormais les Quatre Nobles Vérités – obtint l'Éveil, devenant dès lors le Buddha*, « l'Éveillé ». AO

L'arbre de l'Éveil, à Bodh-Gayâ (Inde).

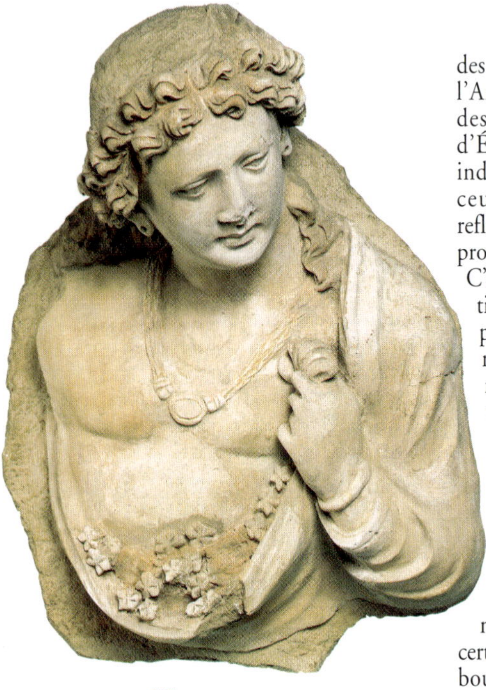

Le Génie aux fleurs, Hadda, Tapa Kalan (Afghanistan), IIIe siècle (?). Stuc. Paris, musée Guimet.

Gandhâra

C'est au Gandhâra – région englobant le Nord-Ouest du Pakistan et le Sud de l'Afghanistan actuels – qu'allait s'épanouir, entre le Ier et le Ve siècle après J.-C., sous le règne des empereurs kushâns, l'un des arts bouddhiques les plus originaux mais aussi les plus florissants. N'est-ce pas là, précisément, que naquit le monument sacré par excellence du bouddhisme, le *stûpa**, tumulus funéraire ponctuant de sa silhouette trapue ces vastes étendues désertiques ?
Grâce aux fouilles menées de 1937 à 1939 par Joseph Hackin et ses compagnons de la DAFA (la Délégation archéologique française en Afghanistan), l'on connaît bien l'art de cette région-carrefour, véritable relais entre le monde méditerranéen et l'Inde depuis les campagnes lancées par Alexandre le Grand, au IVe siècle avant notre ère. La ville de Begrâm a ainsi livré l'un des plus somptueux trésors de l'Antiquité dont l'éclectisme des pièces (verres provenant d'Égypte et de Syrie, ivoires indiens, bronzes semblables à ceux découverts à Pompéi) reflète bien la richesse de leurs propriétaires.
C'est cependant dans l'illustration de la foi bouddhique que peintres et sculpteurs puiseront l'essentiel de leur inspiration. Rompant délibérément avec la tradition aniconique antérieure (voir Représentations), les artistes déploieront une verve inouïe pour narrer les épisodes de la vie du Bienheureux. Cette esthétique hybride et quelque peu maniérée sera qualifiée par certains spécialistes d'« art gréco-bouddhique ». Il est vrai que, derrière bien des visages impassibles du Buddha*, l'on devine la grâce et le sourire juvéniles d'un Apollon hellénistique. BGS

Hînayâna

Le Hînayâna (« Moyen inférieur de Progression » ou « Petit Véhicule ») est le nom que donnèrent par dérision aux tenants du bouddhisme ancien les adeptes du grand mouvement réformateur désigné sous le nom de Mahâyâna* (« Grand Moyen de Progression » ou « Grand Véhicule »), forme plus élaborée du bouddhisme.
Au cours des siècles qui suivirent la mort du Buddha*, d'importants conciles se réunirent afin de fixer l'enseignement du Bienheureux, lequel était mort sans laisser de traités codifiant sa doctrine. Les deux premiers conciles se tinrent à Râjagriha d'abord, puis à Vaishâlî, où des divergences concernant des questions de discipline monastique entraînè-

rent, au IVe siècle av. J.-C., une scission de l'Ordre en deux branches : la secte orthodoxe des Sthaviravâdin (en pâli*, Theravâdin), « Tenants de l'opinion des Anciens » et celle des Mahâsânghika, « Membres de la grande communauté », dont les thèses schismatiques annoncent le Mahâyâna. Lors du troisième concile qui se tint au IIIe siècle av. J.-C. à Pâtaliputra, à l'instigation de l'empereur Ashoka*, des divergences doctrinales plus prononcées se firent jour, confirmant l'orthodoxie des Sthaviravâdin. Selon les sources chinoises, un quatrième grand concile se serait tenu au Kashmîr au Ier siècle de notre ère, sous l'égide de l'empereur Kushân Kanishka, qui eut pour résultat la codification des Écritures d'une autre secte importante du bouddhisme ancien, celle des Sarvâstivâdin.

Toutefois, si les vicissitudes de l'histoire ont fait disparaître depuis bien longtemps les nombreuses sectes – près d'une vingtaine – que comptait le bouddhisme ancien, la secte des Theravâdin s'imposa au Sri Lanka et en Asie du Sud-Est, où le bouddhisme Theravâda constitue aujourd'hui la religion officielle. Les textes sacrés des Theravâdin, rédigés en pâli, forment la « Triple Corbeille » (*Tipitaka*). AO

Jaïnisme

La religion jaïne fut fondée par Vardhamâna (vers 540-468 av. J.-C.), surnommé Mahâvîra, « le Grand Héros » ou Jîna, « le Victorieux », que la tradition canonique donne pour le vingt-quatrième et dernier des Tîrthankara, ou « Passeurs du gué » conduisant à la Délivrance. Contemporain du Buddha* Shâkyamuni, il naquit comme lui dans une famille princière, qu'il quitta pour mener la vie de religieux errant. Après avoir obtenu l'Éveil* sous un arbre *shâla*, il prêchera jusqu'à la fin de sa vie une doctrine de réaction contre le ritualisme conservateur de la religion brahmanique. En 79 de notre ère, un schisme divisa la communauté

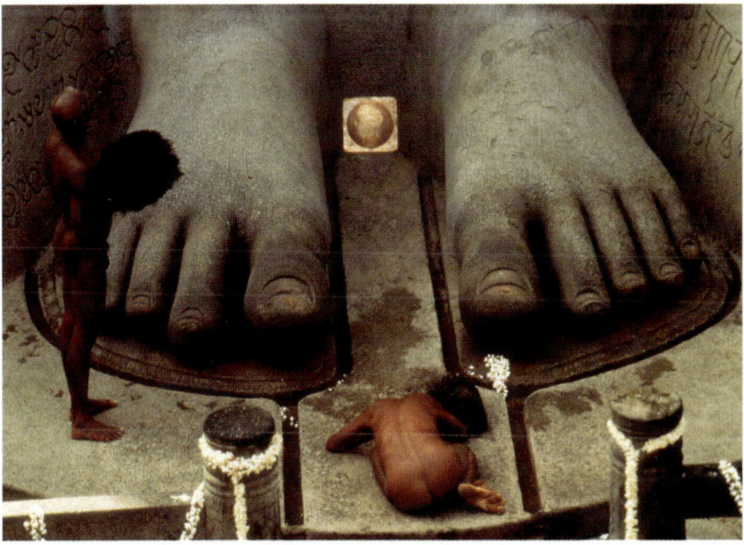

Jaïn (Digambara) vénérant la statue de Bâhubalî, Mysore (Inde).

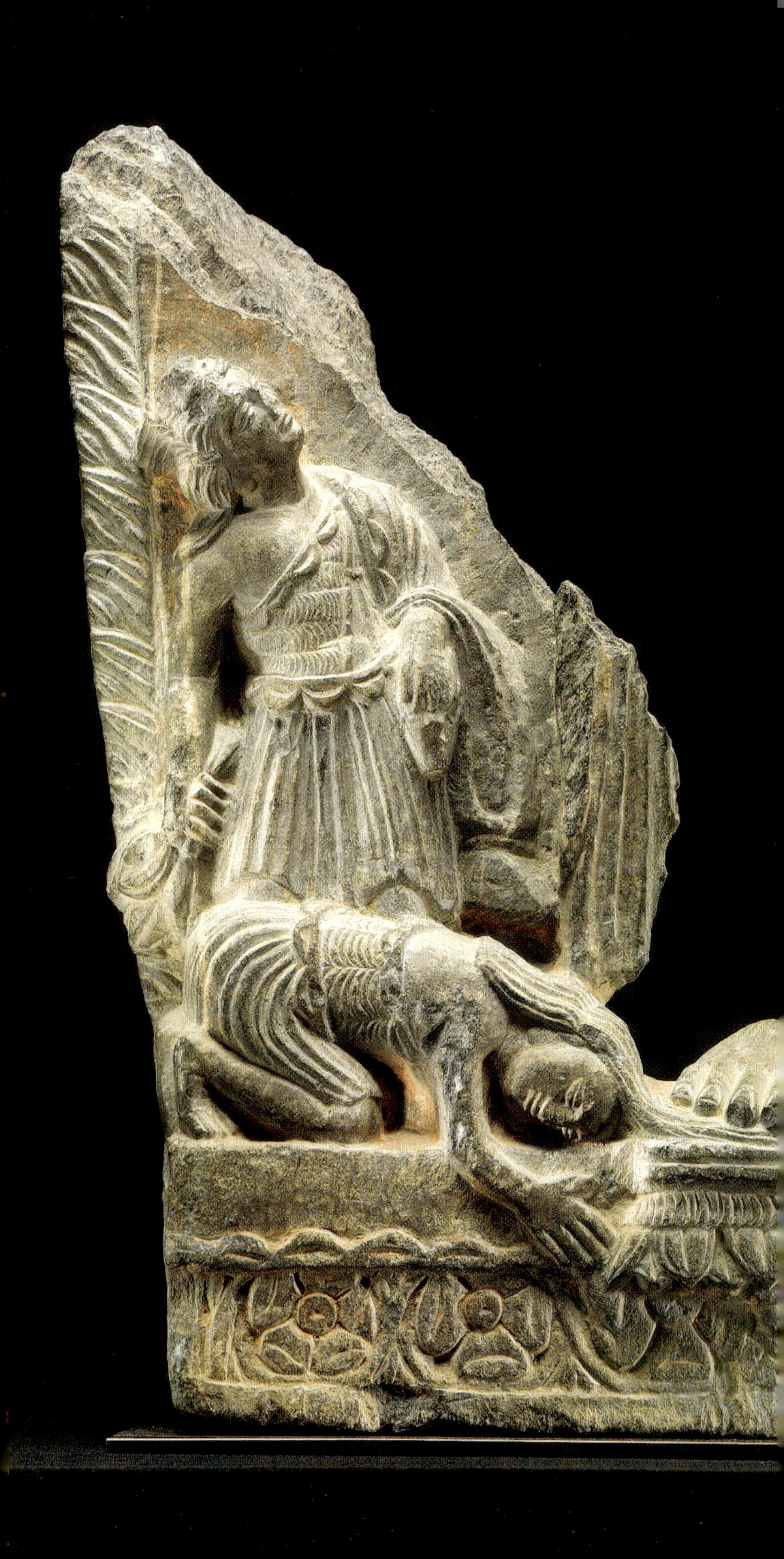

jaïne en deux sectes, celle des Shvetâmbara, « Vêtus de blanc » et celle des Digambara, « Vêtus d'espace » (c'est-à-dire nus), sans qu'il y ait toutefois de différences doctrinales très prononcées entre ces deux branches du jaïnisme.
L'observation des « Trois Joyaux » du jaïnisme que sont la « Vue droite » (*darshana*), la « Connaissance droite » (*jnâna*) et la « Conduite droite » (*châritra*), permet à l'homme assujetti au cycle de la transmigration (*samsâra**) et à la rétribution des actes (*karman**) d'accéder à la Délivrance (*mukti*) et à l'extinction totale (*nirvâna**). De nombreux textes doctrinaux, tels le *Pravachanasâra* et le *Tattvârthâdhigama*, explicitent ces principes généraux. La religion jaïne, toutefois, qui se distingue par une morale disciplinaire rigoureuse ainsi que par sa foi dans les vertus de l'ascèse*, ne dépassa jamais les frontières de l'Inde. AO

Jâtaka

Les *Jâtaka*, ou « Naissances », constituent un vaste ensemble de plus de cinq cents fables, anecdotes et contes édifiants relatant les naissances antérieures du Buddha* Shâkyamuni, alors simple *bodhisattva** s'acheminant vers l'état de *buddha*. Rédigés en pâli* à une date incertaine – illustrés sur les monuments bouddhiques de Bhârhut et de Sâncî, certains épisodes étaient, à l'évidence, connus dès le IIe siècle avant notre ère –, ils font partie du *Sutta Pitaka*, la deuxième des « Trois Corbeilles » (*Tipitaka*) du canon pâli, regroupant les enseignements doctrinaux et les sermons attribués au Buddha et rassemblés par son disciple Ânanda*.
Les *Jâtaka* auraient été narrés par le Buddha lui-même à ses fidèles, comme autant d'événements vécus lors de ses innombrables incarnations : on sait, en effet, que lors de l'acquisition de l'Éveil*, Shâkyamuni avait retrouvé le souvenir intégral de toutes ses existences passées. Dans ces récits édifiants, mais pleins de verve, destinés à illustrer la loi de la rétribution des actes (*karman**) ainsi que l'enchaînement des causes et des effets, le Bodhisattva – qui s'y manifeste sous des formes très diverses, tant humaines qu'animales – apparaît toujours comme une créature infiniment compatissante envers ses semblables, dotée d'un esprit de sacrifice exemplaire, d'une bienveillance et d'un courage peu communs. Puisés, pour beaucoup, à divers fonds littéraires et religieux, parfois inspirés d'anciens contes indiens remaniés afin d'offrir un contenu plus conforme à l'idéal bouddhique, les *Jâtaka*, qui jouissent d'une très grande popularité dans toute l'Asie, ont été abondamment représentés dans l'art bouddhique. AO

Sumegha prosterné.
Illustration du *Dîpamkara-jâtaka*, Shotorak (Afghanistan), IIIe-IVe siècle. Schiste gris. Paris, musée Guimet.

Jizô

La dévotion à l'égard du *bodhisattva** Jizô, particulièrement fervente en Extrême-Orient, porte en elle les réminiscences de la divinisation indienne de la Terre nourricière, dans ses liens avec la mort comme avec l'enfantement. La figure de Jizô, Kshitigarbha en sanskrit (« Qui recèle en lui les vertus de la Terre », selon la traduction de Bernard Frank), fut ainsi

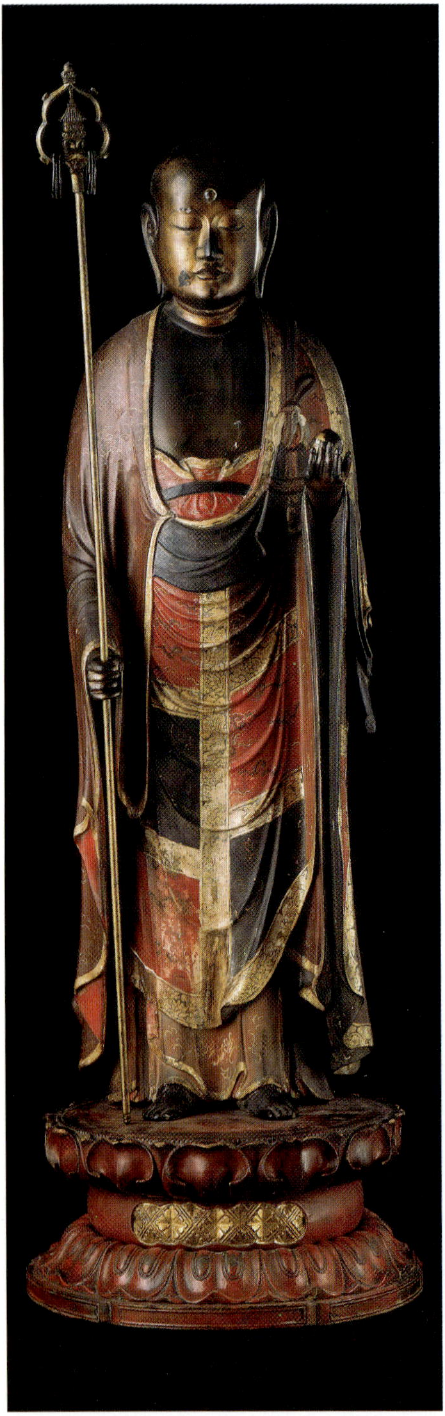

durablement et paradoxalement associée, dans les traditions chinoise et japonaise, tant au monde souterrain des Enfers* qu'à celui de l'enfance. Il est, dans les croyances populaires japonaises, celui qui veille au salut des enfants morts avant la naissance ou en bas âge.
Bien que la présence de Kshitigarbha ait été en Inde assez effacée, son culte devait connaître à partir du VIIIe siècle en Chine, en Asie centrale et au Japon une audience plus vaste, d'abord dans la mouvance de la foi en Amida (voir Amitâbha). Mais c'est autour de son rôle salvateur au sein des Six Voies de la transmigration, qu'élucide l'un des points du Grand Vœu de ce *bodhisattva*, que se cristallisèrent les éléments d'une dévotion indépendante ; ce dont témoignent clairement nombre de figurations de Jizô présidant aux Six Destinées, à Dunhuang* comme au Japon. Considéré en premier lieu comme le sauveur suprême des Enfers, il fut à ce titre intensément vénéré. Il est figuré dès le VIIIe siècle sous les traits d'un moine au crâne rasé, portant la robe religieuse et muni d'un long bourdon de pèlerin garni des « anneaux tintant ». Il présente souvent, de la main gauche, la « Gemme comblant les désirs » (*cintâmanî*). HB

Karman

Élaborée à l'époque des *Upanishad** védiques, la doctrine du *samsâra** (cycle infini des renaissances) et du *karman* (somme des actes d'une vie terrestre déterminant les conditions d'une renaissance) constitue la clé de voûte des grandes religions indiennes : brahmanisme, bouddhisme et jaïnisme*. Le terme de *karman*,

« acte », désigne le fruit parvenu à maturité (*vipâka*) d'actes accomplis dans le passé, dont la somme affectera les conditions, bonnes ou mauvaises, des naissances futures, et dont l'existence présente est l'inévitable conséquence. Le poids des actes – qu'il s'agisse des actes nés de la pensée, de la parole ou du corps – agit ainsi telle une force invisible et irrépressible, laquelle affecte immanquablement l'âme (ou le « corps subtil » accompagnant l'*âtman*, le Soi), l'entraînant dans le flot des renaissances et constituant en quelque sorte le destin de l'être. Produit des actes passés, dont l'homme est condamné à subir les effets, le *karman* procède aussi des actes à venir : par sa conduite et ses efforts, l'homme peut agir, dans une certaine mesure, sur les effets futurs des actes qu'il accomplit au cours de son existence présente. Mais la théorie du *karman* a également eu pour conséquence d'inciter au non-agir, par crainte des virtualités négatives inhérentes à l'action elle-même et dans le but de « tarir » le *karman* et, partant, de se libérer du *samsâra.* AO

Kâshyapa

Aux cinq premiers disciples du Buddha*, auditeurs du sermon de Bénarès, se sont adjoints au gré des conversions recueillies du vivant du Maître, de nombreux autres disciples, soixante selon les textes. Parmi ces figures, symbolisant à elles seules l'idée du *sangha** dans son entier, la tradition indienne en a retenues dix, compagnons les plus proches du Buddha, dont les caractères respectifs, soigneusement cernés, viennent incarner quelques-uns des traits idéaux de la sainteté selon la Doctrine. Kâshyapa – ou Mahâkâshyapa – est décrit comme « Celui qui est le premier pour l'ascèse* ». Fils d'un riche brahmane, sa première rencontre avec le Buddha eut lieu dans le Parc des Bambous à Râjagriha, où il était venu lui

Jizô aux vêtements rouges, Japon, époque d'Edo (1603-1868). Bois peint et doré. Paris, musée Guimet.

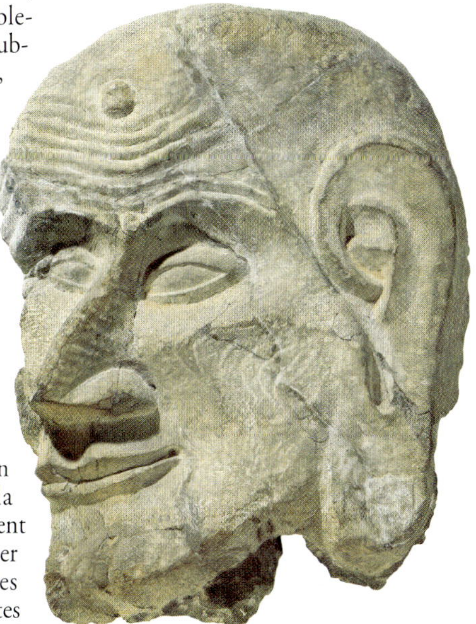

Tête de Kâshyapa, Longmen (Chine), début du VIe siècle (époque des Wei du Nord). Pierre. Paris, musée Guimet.

rendre hommage. Là, Shâkyamuni, après l'avoir enseigné, l'ordonna lui-même et, honneur tout particulier, échangea sa robe monastique avec lui. Il est dit aussi que le Maître lui fit partager son siège, dans un geste annonciateur des responsabilités endossées par Kâshyapa au moment de sa mort. S'il fut distingué parmi les disciples pour la rigueur de ses sermons et l'austérité de son ascèse, c'est précisément dans les moments qui suivirent le *nirvâna** du Buddha qu'il apparaît comme un personnage de premier plan au regard du devenir de la com-

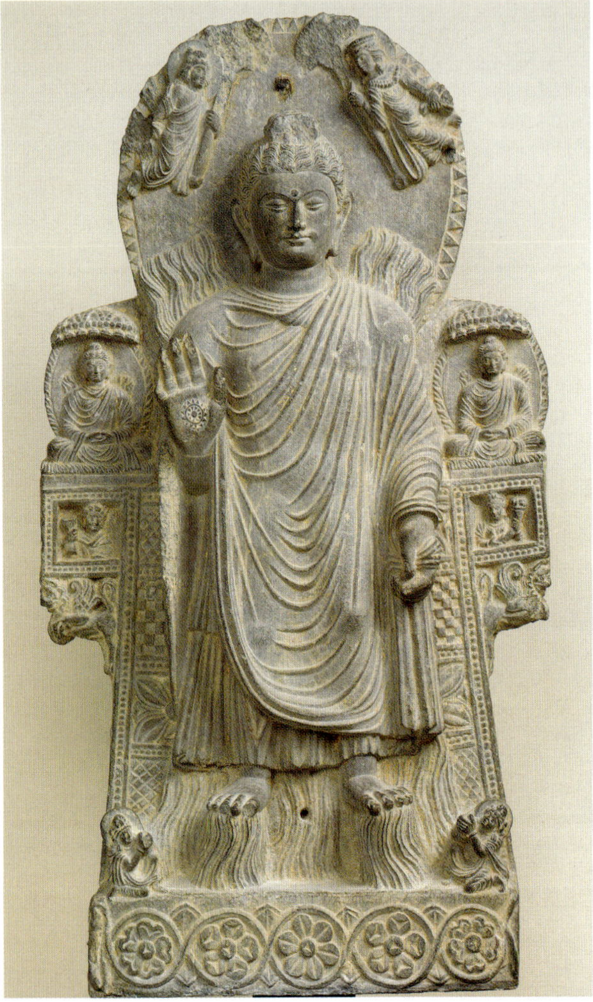

Grand Miracle de Shrâvastî, Pâitâvâ (Afghanistan), IIIe-IVe siècle. Schiste. Paris, musée Guimet.

munauté des fidèles. Aux composantes merveilleuses du récit (le bûcher de la crémation ne s'enflamma qu'une fois sa présence assurée) s'ajoute la dimension œcuménique de son rôle : prenant la tête du *sangha* désormais sans guide, il convoqua un premier concile de cinq cents *arhat** à Râjagriha, dans le but de fixer la pratique et la Loi*, seul héritage laissé par le Buddha. Selon certaines traditions, Ânanda* lui aurait succédé. HB

Lakshana

Le corps des *buddha*, comme du reste celui des monarques universels (*chakravartin*), présente des caractères physiques particuliers. Ces marques de prééminence (*lakshana*) – qui sont l'apanage du « Grand Homme » (*mahâpurusha*) – sont au nombre de trente-deux et leur présence atteste des mérites acquis par les *buddha* au fil des existences successives. Les textes bouddhiques donnent, avec de légères variantes, la liste des trente-deux *lakshana*, auxquels certaines traditions ajoutent quatre-vingts « marques supplémentaires » (*anuvyanjana*) – caractères physiques secondaires et moins exclusifs que les *lakshana*, pouvant être assimilés à de simples traits de beauté. L'art bouddhique a retenu certains *lakshana* comme signes iconographiques distinctifs de la « bouddhéité » (voir Représentations) : la protubérance crânienne (*ushnîsha*), la touffe de poils entre les sourcils (*ûrnâ*), les boucles de cheveux rituellement enroulées vers la droite, les roues (*chakra*) marquées sur la paume des mains et la plante des pieds, le teint d'or (*suvarnavarna*). Mais les textes comptent également, au nombre des *lakshana*, les talons larges, les doigts longs, les membranes interdigitales, les chevilles hautes, les jambes d'antilope, le torse et la mâchoire de lion, les dents blanches et sans interstices, la langue large, les yeux noirs et les sourcils de vache, ou encore la finesse supérieure du goût. À sa naissance, le prince Siddhârtha – le futur Buddha* Shâkyamuni – fut examiné par les devins qui, le trouvant pourvu des trente-deux signes de prééminence et des quatre-vingts marques supplémentaires propres au « Grand Homme », prédirent au roi Shuddhodana que son fils deviendrait soit un monarque universel, soit un *buddha* – s'il choisissait de renoncer au monde. AO

Lokapâla

Les dieux-rois (en sanskrit, *lokapâla*) sont, dans l'Inde brahmanique, des protecteurs de l'espace, conçus au nombre de quatre comme les directions cardinales auxquelles ils sont chacun assignés. Intégrés au panthéon bouddhique en leur qualité de *deva**, ils résident dans les premiers étages célestes de l'univers, postés aux quatre flancs du mont Meru. Ce sont les quatre rois gardiens du monde et, plus explicitement, de la religion bouddhique dans le monde. À l'échelle symbolique des temples, ils assurent de même la protection de l'espace sacré par excellence, placés aux quatre angles de l'autel abritant l'image de culte principale. De cette fonction,

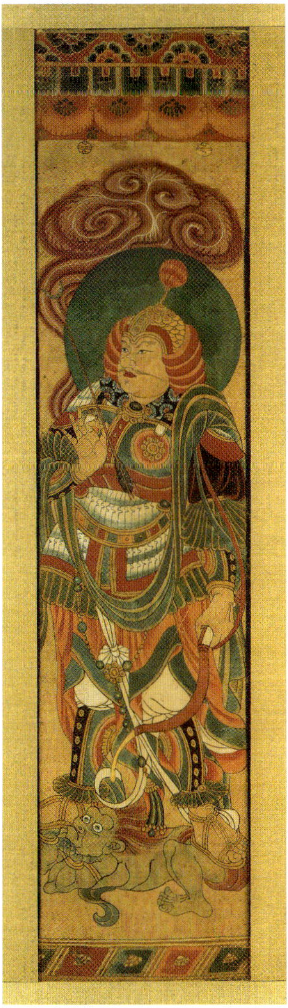

Lokapâla. Bannière provenant de Dunhuang, IXe siècle. Paris, musée Guimet.

désormais clairement guerrière, sont issus des partis pris iconographiques qui se sont précisés en Haute-Asie puis en Chine avant d'être transmis à la Corée puis au Japon : aux représentations indiennes de ces divinités en costumes princiers, ont succédé en effet des images de généraux casqués, cuirassés et armés, dont les visages courroucés expriment la fureur que leur inspirent les ennemis de la Loi. L'efficience de leur force, suggérée par l'amplification parfois caricaturale de leur musculature et l'agressivité de leur pose, est soulignée par la présence de génies malfaisants subjugués qu'ils foulent aux pieds. Chacun de ces rois célestes est associé à l'un des quatre orients : Dhritarâshtra, « Qui protège le pays », à l'est ; Virûdhaka, « Qui s'est accru », au sud ; Virûpâksha, « Au vaste regard », à l'ouest ; Vaishravana, « Qui écoute en abondance », au nord. HB

Longmen

Les quatre premiers siècles de notre ère avaient vu la lente assimilation en terre chinoise du bouddhisme, introduit depuis l'Inde via l'Asie centrale. Les temps qui suivirent furent ceux d'un épanouissement fécond et d'une ferveur intense, grâce au soutien apporté à cette religion d'origine étrangère par les dynasties barbares gouvernant le Nord de la Chine. Ferveur perceptible à l'aune des sanctuaires rupestres aménagés entre le Ve et le VIIIe siècle, souvent à l'initiative du pouvoir politique.

Les grottes de Longmen (province du Henan) offrent ainsi un reflet prestigieux de ce que fut l'art bouddhique officiel sous les Wei du Nord (386-534). Situés à quelques kilomètres de Luoyang, capitale de cette dynastie d'origine turque à partir de 494, les sanctuaires furent fondés dès la fin du Ve siècle, au creux de falaises de calcaire gris, suffisamment denses pour autoriser un rythme graphique et un rendu aigü des détails, tant dans la ronde-bosse que dans les bas-reliefs. Les niches les plus anciennes (Guyangdong, entre 508 et 514, et Binyangdong, terminée en 523) révèlent une sculpture déjà profondément sinisée, en dépit des antécédents indiens de ce type d'aménage-

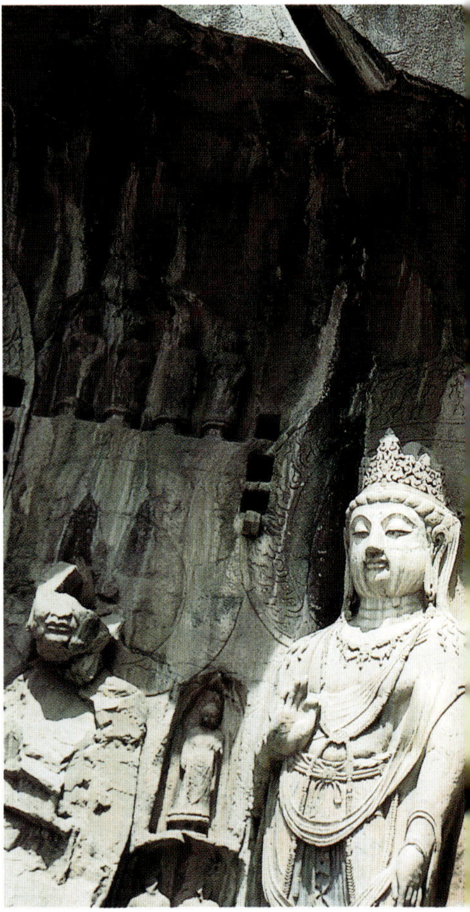

Sanctuaire du Fengxiansi, Longmen, VIIe siècle.

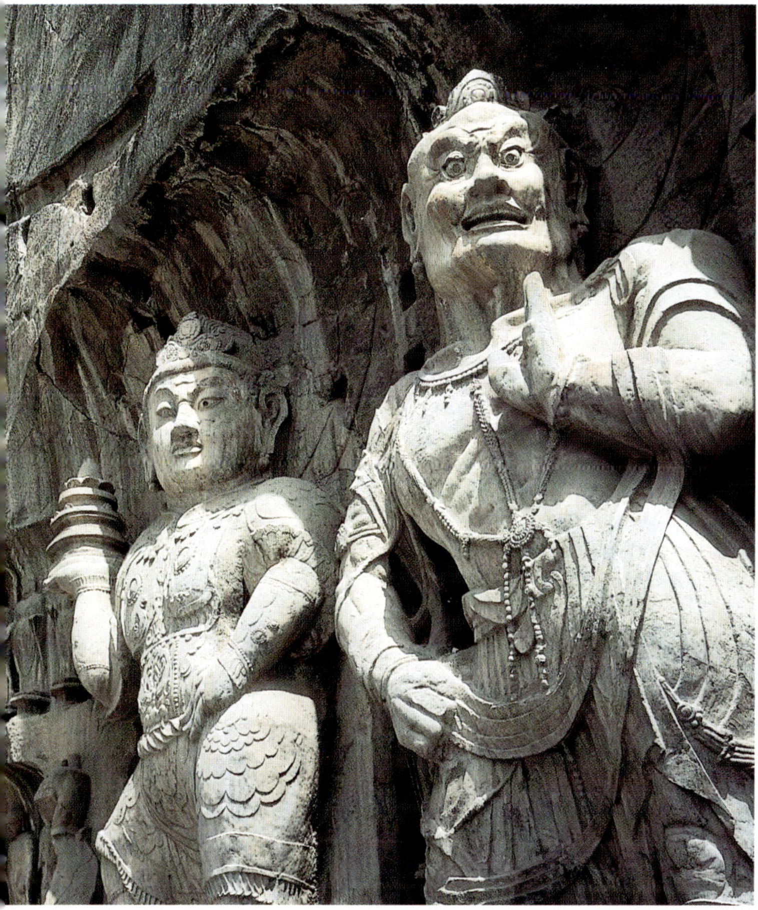

ment. L'effacement des corps sous des drapés aux plis concentriques, lointaines réminiscences de modèles gandhariens (voir Gandhâra), l'étirement des silhouettes et la douceur archaïque des sourires esquissés ont fondé un style empreint de spiritualité, dont les échos se propageront jusqu'au Japon de l'époque d'Asuka (552-645). Certaines icônes cultuelles de Longmen (dont le buddha* Vairocana, colossal, de 675) relèvent du style plus souple des Tang, et dénotent un intérêt nouveau pour le rendu des volumes corporels. HB

Mahâyâna

Des premières dissensions apparues au sein de la communauté monastique un siècle après la mort du Buddha*, allaient émerger, en marge de l'école conservatrice des Anciens (Theravâda), des sectes* hétérodoxes qui firent sécession peu après le deuxième concile bouddhique de Vaishâlî (340 av. J.-C.). C'était là le début d'un processus évolutif qui devait aboutir, au début de notre ère, à la constitution du Mahâyâna (Grand Véhicule) en tant que mouvement nettement différencié du bouddhisme pri-

Bodhisattva Maitreya, Gandhâra (Inde), IIe-IIIe siècle. Schiste. Paris, musée Guimet.

mitif (dès lors désigné comme « Petit Véhicule » ou Hînayâna*), bien qu'il en procède entièrement. Le bouddhisme du Grand Véhicule (véhicule étant entendu comme moyen de progression vers le salut) pose d'emblée l'idée d'un salut accessible à tous les êtres humains, selon des voies plus larges que la stricte observance de l'ascèse* telle que la pratiquaient les *arhat**. Ses pierres angulaires en sont la foi et la dévotion, déployées à l'égard de *buddha* et *bodhisattva** démultipliés, infiniment compatissants, peuplant une myriade d'espaces spatiaux et temporels, champs ou terres de *buddha* conçus comme les lieux d'une possible renaissance. Cette cosmologie élargie affecte la conception de la nature même de *buddha* : à la dimension humaine du sage Shâkyamuni succède l'idée de la transcendance du Buddha ; et la théorie d'un corps d'essence de *buddha* (*dharmakâya* ou corps de la Loi), absolu et ineffable, susceptible de se manifester en un corps « apparitionnel » (*nirmânakâya* ou corps de métamorphose), tel Shâkyamuni, ou en un corps mystique (*sambhogakâya* ou corps de jouissance) perceptible par les seuls *bodhisattva*. Les conséquences majeures de ces développements doctrinaux, propagés en Haute-Asie et dans tout l'Extrême-Orient, sont de deux ordres : dans la pratique, l'exaltation de l'idéal du *bodhisattva* en tant que seule voie d'accès à l'Éveil* ; d'un point de vue théorique, la définition de la notion de vacuité* comme expérience contemplative d'un nouvel ordre. HB

MAITREYA : LE BUDDHA FUTUR

Dans le « monde sans *buddha** » qui s'était ouvert à la mort de Shâkyamuni, n'était demeurée que la seule parole du Maître pour tout fondement, impuissante à assurer le prolongement de Sa présence auprès de la majorité des laïcs. C'est donc au rituel et à la métaphysique qu'il en fut appelé pour combattre le sentiment d'une perte définitive en nourrissant l'espoir d'une présence susceptible de se réitérer. Parallèlement au développement du culte des reliques* et des *stûpa**, se fit jour la croyance, attestée dans l'ensemble de la communauté, en la venue lointaine d'un Buddha futur, Maitreya (le « Bienveillant »).

La conception de *buddha* récurrents (vingt-quatre ayant précédé Shâkyamuni, et Maitreya étant le premier de ses successeurs) apparaît dans les textes pâli* du bouddhisme primitif, et reflète la notion d'un temps cyclique, constitutive de toutes les cosmologies indiennes. Maitreya y est présenté comme un *bodhisattva** prêchant à une vaste assemblée de dieux dans le ciel des Tushita (« Satisfaits »), dans l'attente du moment de son ultime naissance sur terre, fixé au prochain âge cosmique ; c'est alors seulement qu'il connaîtra l'Éveil*, remettant en mouvement la Roue de la Loi* après un âge de dégénérescence. Le lien de continuité ainsi assuré avec Shâkyamuni et sa Loi est exprimé, sur le plan iconographique, par la présence d'un petit *stûpa* dans la couronne du *bodhisattva*. La dimension clairement consolatrice de Maitreya explique que son culte se soit largement répandu dans toute l'Asie, appuyant parfois la montée de divers mouvements messianiques. Introduit en Chine en même temps que le bouddhisme, son développement sous les Wei du Nord (386-534) suscita la création de nombreuses images cultuelles à Yungang comme à Longmen*. Sa présence fut également prépondérante dès le VIe siècle en Corée et au Japon, où apparut l'iconographie du *bodhisattva* assis dans une pose pensive. HB

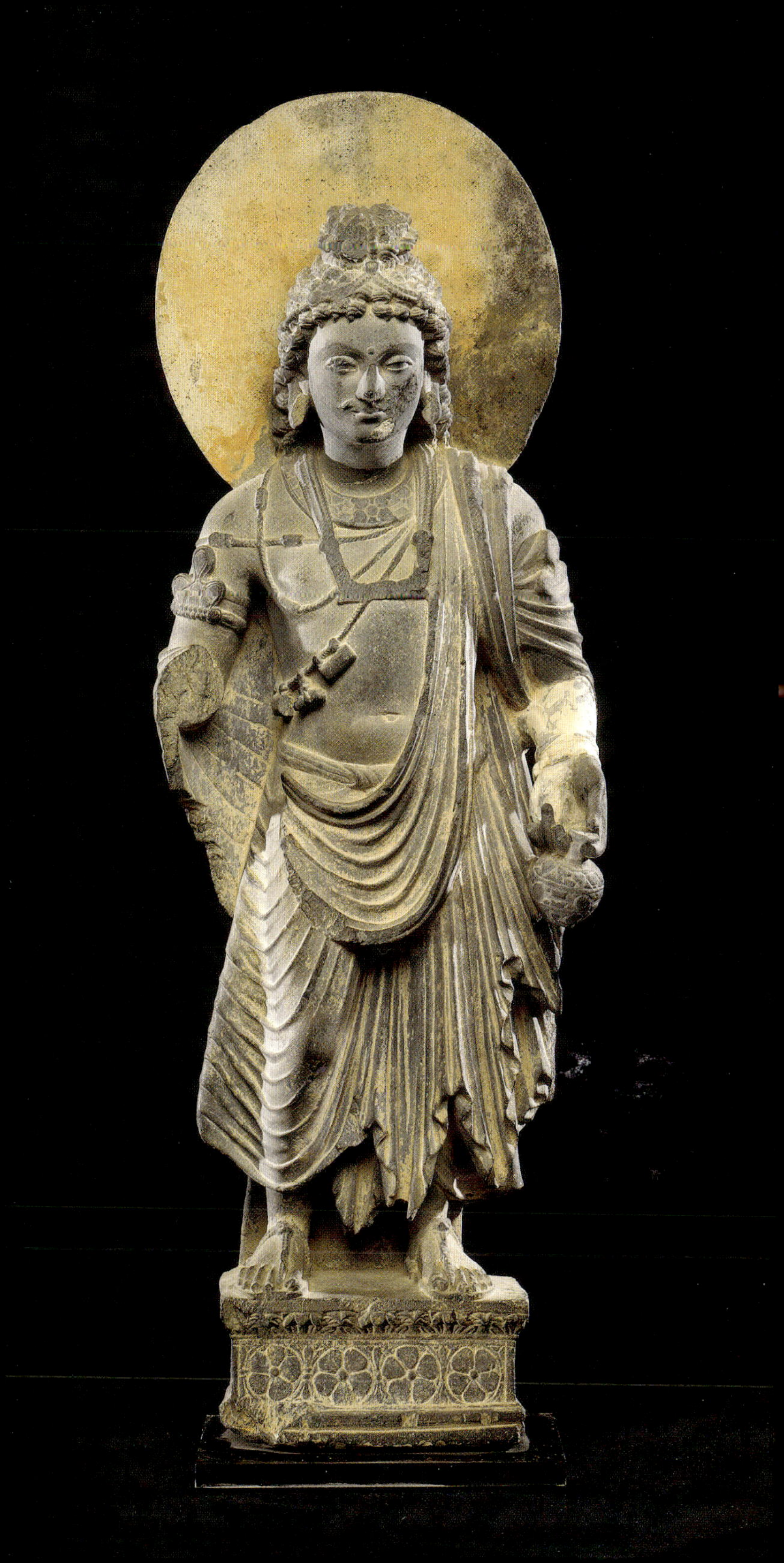

MANDALA
L'image réfléchie d'un cosmos divin

Le *mandala* (terme sanskrit signifiant littéralement « disque », « cercle », et par dérivation « territoire », « district ») désigne la projection, en deux ou trois dimensions, du domaine particulier d'une divinité, sous l'aspect d'un diagramme orienté, centré autour d'un axe. Cette matérialisation d'un concept cosmologique joue un rôle fondamental dans les religions originaires de l'Inde, tel l'hindouisme, le bouddhisme lamaïque tibétain (voir Tantrisme), ou bien encore le bouddhisme ésotérique japonais.

Qu'il soit réalisé avec des matériaux éphémères (cordons, sable, poudres de couleur…) ou d'une manière durable tel un monument architectural (voir Borobudur), qu'il soit peint sur la toile (voir Thangka) ou transcrit en ronde-bosse, le *mandala* se caractérise par son plan extrêmement codifié. Image réfléchie d'un cosmos divin, ce diagramme géométrique ordonne ainsi, autour de la divinité principale, un peuple de déités secondaires, savamment hiérarchisées. Véritable support d'un rituel initiatique, il accompagne le cheminement spirituel du novice, guidé dans cette épreuve par un officiant, en général son maître. Au terme de ce parcours labyrinthique semé d'embûches, le néophyte parvient enfin au centre de cet univers pour se confondre avec la divinité suprême, atteignant ainsi la Délivrance finale.

Au-delà de leur vocation spirituelle, les *mandala* peints sur toile par des générations d'artistes népalais et tibétains ne cessent de nous fasciner par leur troublante modernité. BGS

Moine tibétain récitant des *mantra*. Monastère de Shey (?), Ladakh.

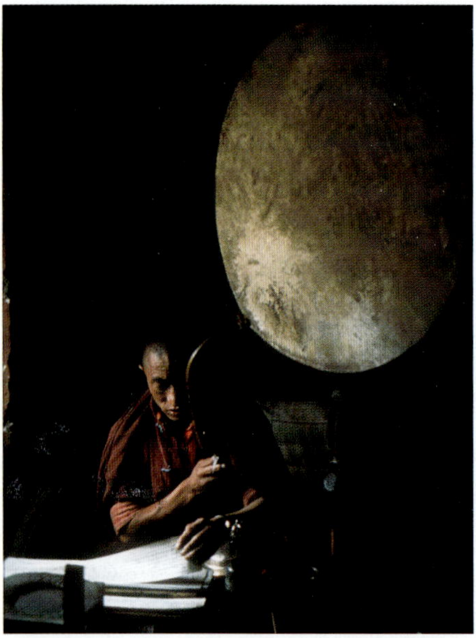

Mantra

Le caractère sacré, transcendant de la parole (*vâc*) divinisée, attesté dès l'époque védique, s'exprime tout particulièrement dans les *mantra,* « formules sacrées » : littéralement, « instruments de pensée », lesquels concentrent en eux la puissance et l'efficacité de la prière. La forme et le son du *mantra*, plus encore que sa signification proprement dite, mais aussi le procédé de récitation (*japa)* adopté – récitation mentale, murmurée ou orale – et le degré de concentration psychique accompagnant la récitation sont autant d'éléments garants de la puissance magique dont est porteuse l'invocation sacrée ainsi que de l'efficacité de la prière.

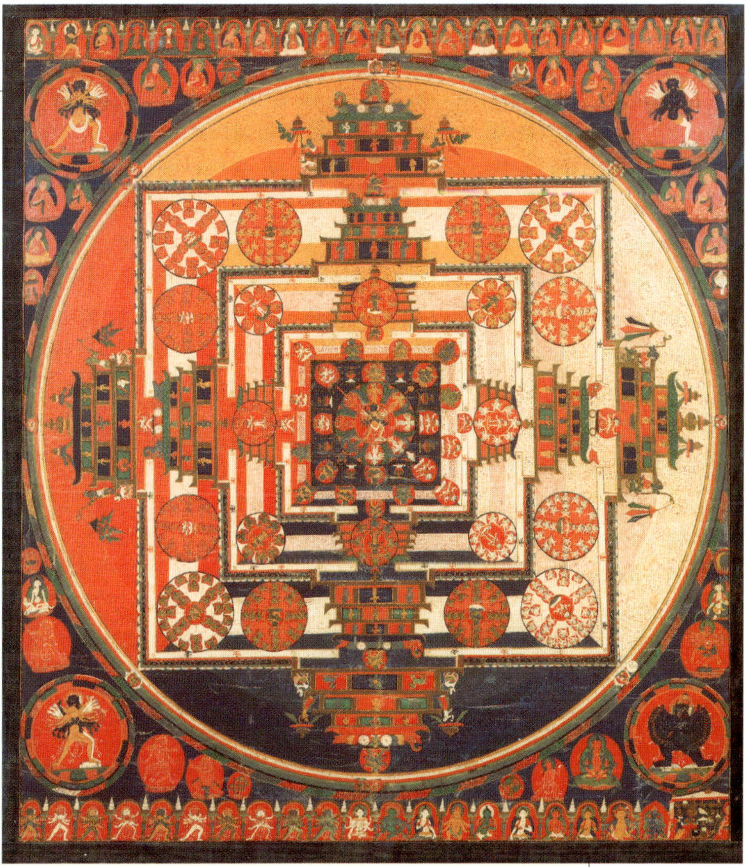

Attestés tant dans le bouddhisme que dans l'hindouisme, les *mantra* peuvent revêtir différentes formes : versets isolés, litanies, incantations, répétitions de phrases ou de mots, syllabes mystiques ou symboles phonétiques. À l'aide de divers procédés mentionnés dans les textes doit être opérée la « vivification » (*jîvana*) ou « mise en efficacité » du *mantra*, ce dernier étant bien plus qu'une formule « consacrée » et déifiée, ou encore l'émanation ou la traduction directe du divin, mais bien la divinité elle-même, sa forme matérielle – chaque divinité possédant du reste son *mantra* particulier. Les *mantra* peuvent en outre être figurés par des diagrammes symboliques (*yantra*), représentés sur divers supports – métal, bois, pierre, papier – ou tracés à même le sol. *Mantra* essentiel, la syllabe ou phonème sacré *om* – constituée de la réunion des trois phonèmes *a u m* auxquels est adjoint le « point » (*bindu*) marquant phonétiquement la nasalité finale – est utilisée au début des *mantra*, ainsi qu'au commencement et à la fin des récitations sacrées. Dans le bouddhisme tantrique*, le célèbre *mantra* aux « six syllabes » (*sadakshara*) *om mani padme hûm*, « Gloire au joyau de la fleur de lotus », qui symbolise le *bodhisattva** Avalokiteshvara*, est récité d'innombrables fois dans la même journée par les bouddhistes tibétains. AO

Mandala de Kâlachakra, Tibet, XVIe siècle. Détrempe sur toile. Paris, musée Guimet.

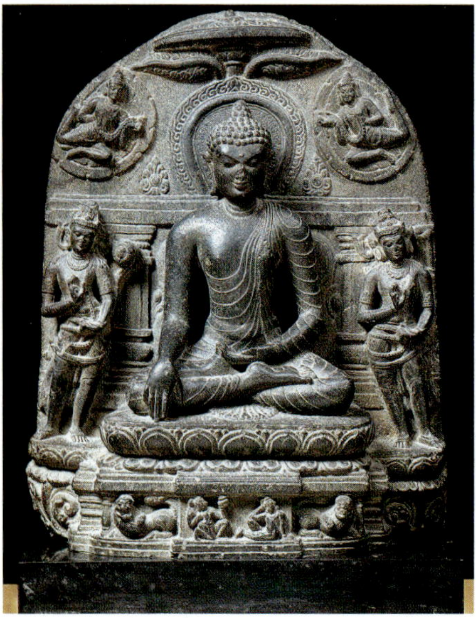

Buddha prenant la Terre à témoin, Inde du Nord-Est, époque Pâla. Roche cristalline. Paris, musée Guimet.

Mâra

Mâra, « la Mort », est le Malin, souverain des désirs et démon tentateur, également dénommé Pâpîyân, « le Pire ». Dieu de la Mort, il exerce sur les créatures vivantes un empire incontesté et sa puissance est immense. Dans la légende bouddhique, il apparaît comme la personnification du mal et l'adversaire principal du Buddha*. Car Shâkyamuni, par l'acquisition de l'Éveil* et la découverte des Quatre Nobles Vérités conduisant à l'affranchissement du cycle sans fin des morts et des renaissances (*samsâra**), menace la suprématie et le règne de Mâra. Aussi le dieu de la Mort s'employa-t-il à empêcher la méditation* du Sage impassible assis sous l'arbre de l'Éveil, à Bodh-Gayâ. Il envoya d'abord contre le Bodhisattva* son armée de démons aux visages repoussants et aux corps monstrueux ; mais leurs armes se changèrent en fleurs avant même d'atteindre Shâkyamuni, que protégeait la somme des innombrables mérites acquis au cours de ses existences antérieures. Arguant alors de ses propres mérites passés et prenant à témoin son armée démoniaque, Mâra revendiqua pour lui-même le trône de l'Éveil. Mais Shâkyamuni, touchant le sol de sa main droite, prit la Terre à témoin de sa victoire sur le Malin. Mâra dépêcha alors ses trois filles afin qu'elles séduisent le Sage abîmé dans sa méditation. Leurs charmes restèrent cependant sans effet sur le Bodhisattva, consacrant la défaite de Mâra et la victoire du Buddha sur le maître des mondes soumis aux désirs.

L'art bouddhique a fréquemment illustré cet épisode majeur

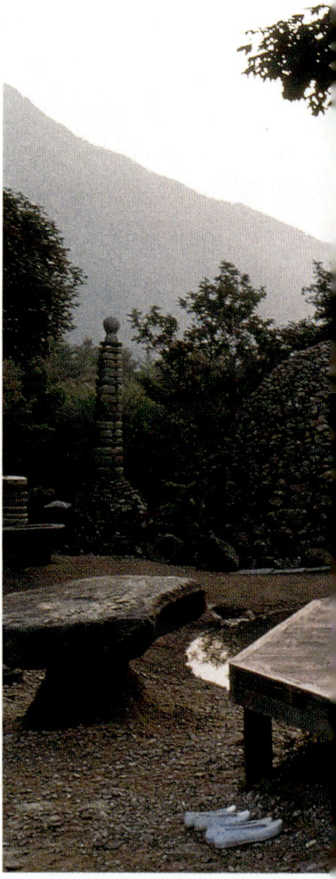

de la vie du Buddha : assis jambes croisées, dans l'attitude de la méditation, la main gauche reposant dans le giron, la main droite tendue vers le sol, paume vers l'intérieur, le Buddha esquisse le geste canonique dit de la « prise de la Terre à témoin » (*bhûmisparsha mudrâ*), également appelé « geste du *Mâravijaya* » (« la victoire sur Mâra ») – annonciateur de l'imminence de l'Éveil. AO

Méditation

La pratique de la méditation, en tant qu'exercice psychique progressif visant l'obtention d'un vide total de la conscience et d'un état de quiétude mentale absolue, relève, en Inde, tant de la tradition brahmanique* des Yogi que de la discipline du bouddhisme naissant. C'est néanmoins dans ce dernier contexte qu'elle fut appelée à jouer un rôle primordial, sans cesse réaffirmé par les écoles du Hînayâna* comme du Mahâyâna*. Selon la dernière des Quatre Nobles Vérités énoncées par le Buddha* lors de son sermon initial, la méditation apparaît en effet d'emblée comme l'un des moyens essentiels de cheminement sur la Voie menant à la cessation de la douleur ; elle constitue l'un des trois grands aspects de la pratique religieuse tels que les prescriptions de l'Octuple Chemin

Méditation au palais de Samson. Chan Kak Dong, (Corée du Sud).

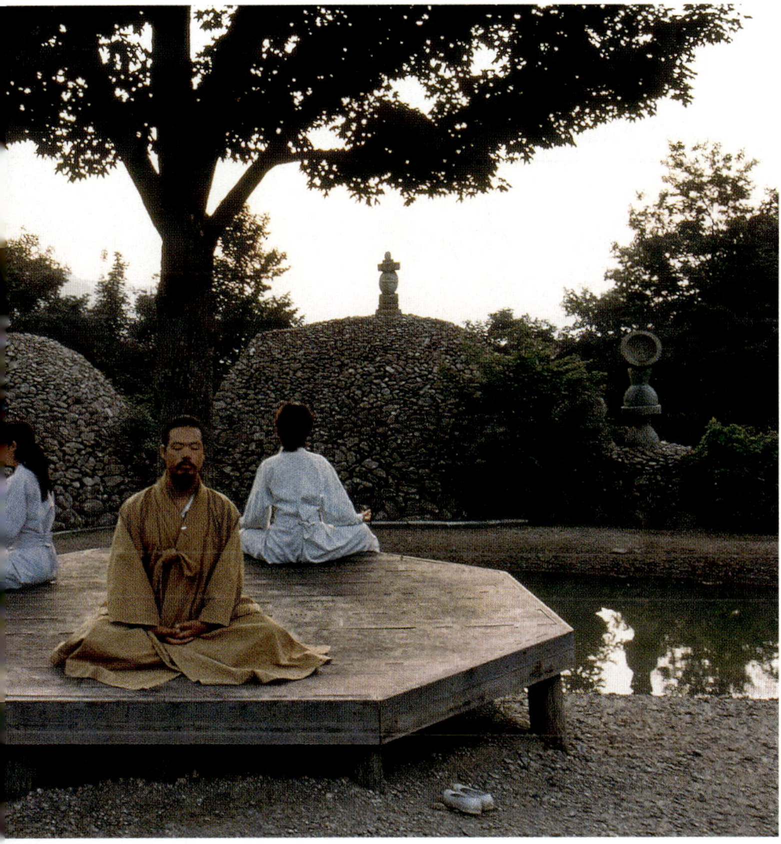

(voir Introduction) la définissent, aux côtés de la moralité et de la sagesse.
Les *sûtra** du canon pâli* exposent, en réalité, diverses formes d'entraînements psychiques qui ont toutes en commun un état d'absorption mentale et, au final, de détachement sensuel et intellectuel préfigurant, sans toutefois s'y identifier, l'Extinction propre au *nirvâna**. Aux côtés des *samâdhi* (concentrations ou « positions » de l'esprit) qui procèdent d'un rassemblement de la pensée, les plus précisément décrites sont les *dhyâna*, méditations en quatre stades amenant par effacement de tout mouvement de pensée et de toute perception affective à une « pure imperturbabilité ». Selon l'archétype de la méditation de Gautama sous l'arbre de l'Éveil*, elles se pratiquent dans un isolement et une immobilité (dans la posture assise dite « du lotus ») favorisant le contrôle du corps puis de l'esprit. Systématisée dans l'école du chan*, la méditation assise est considérée par le courant Sôtô (voir Chan) comme la voie essentielle vers l'Illumination (en japonais, *satori*). HB

Moines. Voir Sangha

Monastères

L'existence de monastères, structures permanentes destinées à abriter la communauté religieuse, n'apparaît pas avoir été un postulat du développement du monachisme dans la religion bouddhique.
Inspirée de l'existence menée par le Buddha* lui-même au cours des années de prédication qui suivirent l'Illumination, la pratique monacale se fonda dans un premier temps sur l'idée d'une pérégrination érémitique, sous-tendue par la nécessité de propager la Doctrine. Le Buddha et ses disciples sont décrits comme des ascètes errants, et ce n'est que de la nécessité de s'abriter durant la saison des pluies que se fit jour peu à peu une conception sédentaire et communautaire du monachisme.
Reflet architectural de la naissance de cette identité collective, le prototype du monastère bouddhique est constitué, en Inde, de plusieurs cellules individuelles assemblées autour d'un lieu cultuel, en général un *stûpa** comme à Taxila au Gandhâra. Cette disposition originelle s'est progressivement enrichie d'autres espaces tels que réfectoire, salle du chapitre, communs..., pour donner naissance finalement à de véritables lieux cénobitiques qui furent aussi des centres actifs d'enseignement (tel Nâlandâ, décrit au VIIe siècle par le pèlerin chinois Yijing). La présence de ce type de complexes est attestée partout où le bouddhisme se propagea, déclinant cependant des variations locales.
Si les monastères rupestres semblent avoir prédominé en Inde, comme à Ajantâ*, puis tout au long de la route de la soie*, de Bâmiyân* à Dunhuang*, l'Extrême-Orient, quant à lui, privilégia une formule plus éloignée du prototype des premières cavernes* d'ascètes. Au plan concentrique succéda un plan axial, selon lequel furent distribués symétriquement un nombre important de bâtiments, dont le cœur reste néanmoins le lieu de culte : pagode*, puis sanctuaire abritant l'icône principale. HB

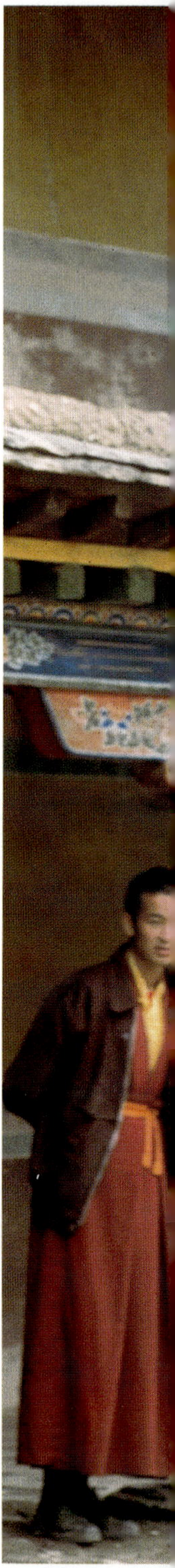

Monastère au Tibet.

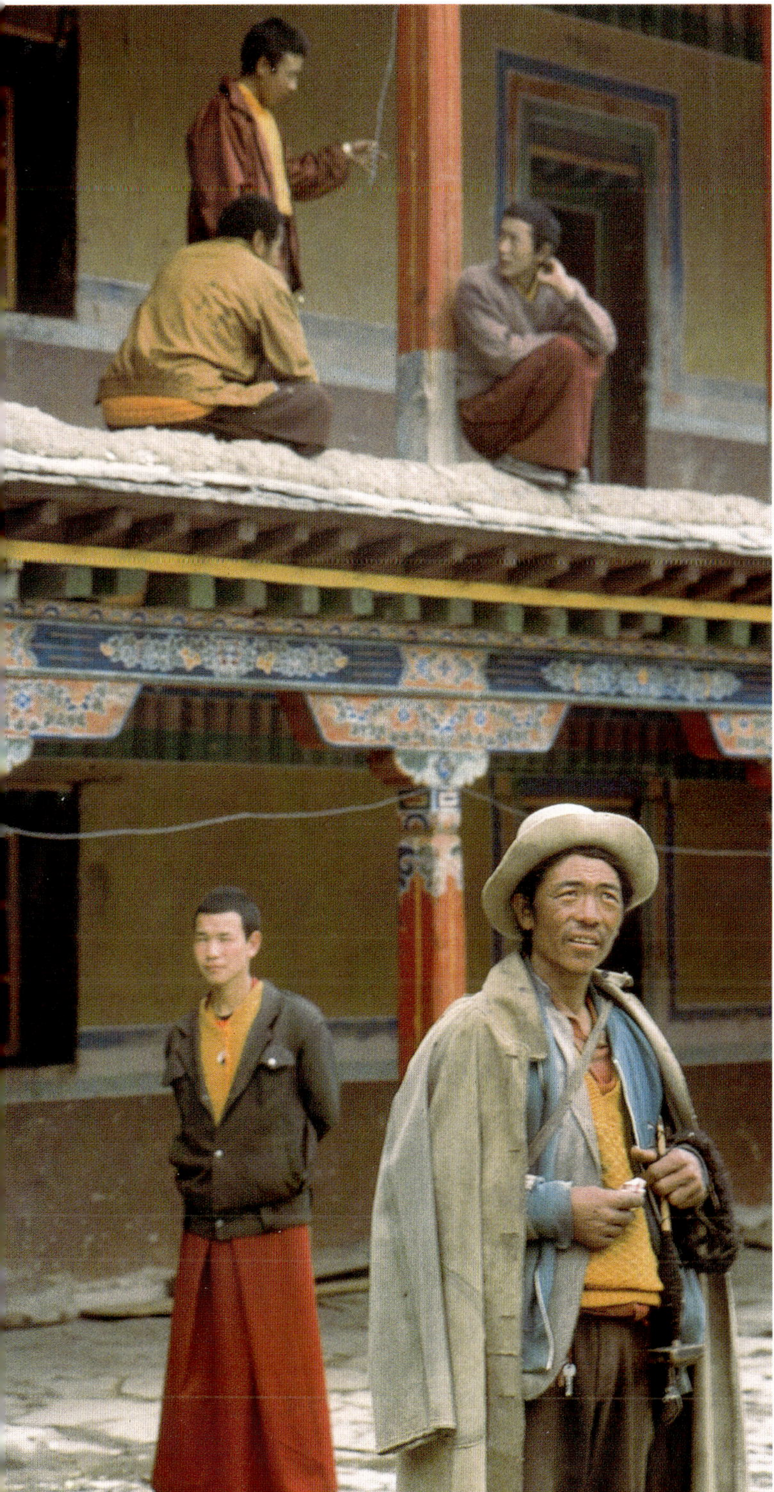

Nâga

Divinités ophidiennes associées aux eaux, les *nâga* sont des génies protecteurs, gardiens des richesses et des trésors cachés dans les entrailles de la terre. Habitant le Pâtâla, l'une des sept régions souterraines, ils passent pour résider dans de merveilleux palais aux murs constellés de pierres précieuses. Dotés du pouvoir de faire tomber la pluie fécondante, qui garantit les récoltes et assure la prospérité, ils furent particulièrement vénérés par les populations agricoles. Généralement secourables et bienveillants, ils ont été intégrés au panthéon bouddhique, en qualité de servants du Buddha*. Le Bienheureux ayant converti certains d'entre eux à la Loi, les *nâga* – qui dès lors lui vouèrent une révérence extrême – furent, dans les textes bouddhiques, tour à tour représentés écoutant la prédication du Buddha, l'aidant à traverser le Gange en lui faisant un pont de leurs multiples capuchons, se lovant autour de son corps pour l'abriter de pluies torrentielles, ou encore adorant ses reliques* pieusement enchâssées dans le *stûpa** de Râmagrâma.

La légende dorée bouddhique présente les *nâga* comme de fidèles adorateurs du Buddha. Ce sont, en effet, les deux rois-serpents (*nâgarâja*) Nanda et Upânanda qui, à sa naissance, ondoyèrent le futur Buddha de deux courants d'eau chaude et d'eau froide ; c'est encore le *nâga* Kâlika qui prédit à Shâkyamuni l'imminence de l'Éveil* ; c'est le *nâga* Mucilinda qui protégea de pluies diluviennes la méditation* du Bienheureux, en entourant le Sage de ses anneaux et en l'abritant de son capuchon de cobra ; c'est le *nâga* Elâpattra qui vint interroger le Buddha dans le parc aux Gazelles de Sârnâth* et les *nâgarâja* Krishna et Gautamaka qui, écoutant la prédication du Bienheureux, se convertirent aussitôt à sa Loi ; et c'est aux *nâga*, enfin, qu'échurent, après le *Mahâparinirvâna*, un tiers des saintes reliques* du Buddha.

Les *nâga* apparaissent également dans les *Jâtaka**, contes édifiants narrant les existences passées de Shâkyamuni : ainsi, deux rois-serpents, vertueux héros éponymes du *Shankhapâla Jâtaka* et du *Champaka Jâtaka*, ne sont autres que le *Bodhisattva** lui-même, lors de ses « naissances » antérieures. AO

Buddha paré, protégé par le nâga Mucilinda, grotte de la région de Sisophon (Cambodge), première moitié du XIIe siècle. Grès. Phnom Penh, Musée national.

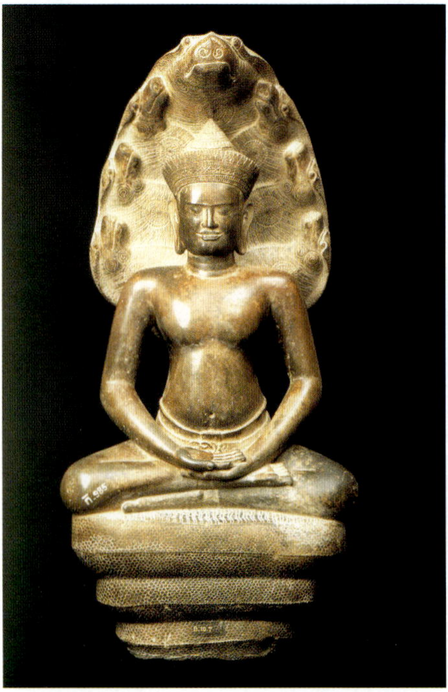

Nara

Située sur le plateau de Yamato, Nara fut la capitale impériale du Japon de 710 à 784. Fondée par l'impératrice Gemmei en 710,

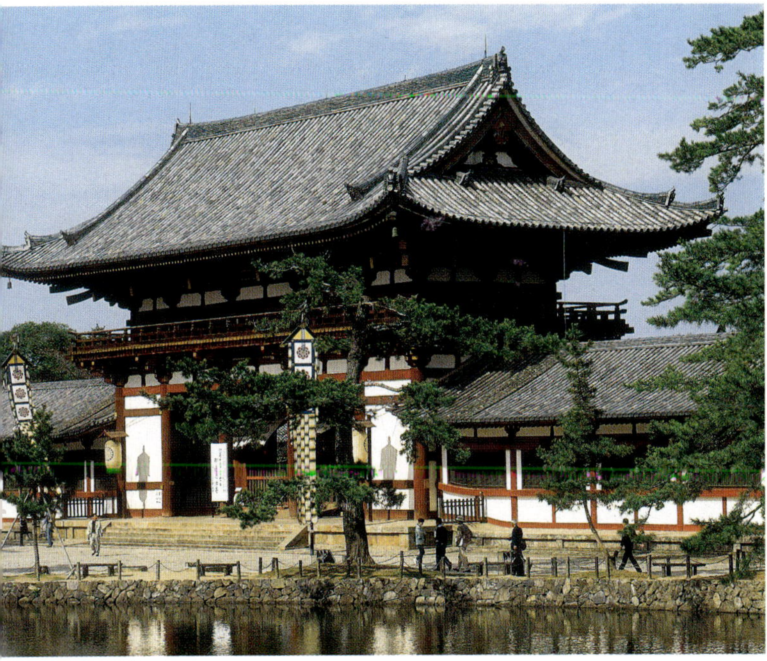

Temple du Tôdaiji, Nara (Japon).

la ville est à l'image de la culture de cour qui s'y développa en ce VIIIe siècle, dit « époque de Nara » (710-784) : profondément imprégnée d'influences chinoises et, par conséquent, porteuse des fruits prometteurs du bouddhisme triomphant, introduit dans l'archipel 150 ans plus tôt. Bâtie selon un plan en damier à l'imitation de Chang'an, capitale chinoise (l'actuelle Xian), elle abritait palais, temples et monastères* évocateurs de l'architecture officielle Tang. Sous l'impulsion conjuguée du pouvoir politique, résolu à faire du bouddhisme le fondement de son gouvernement, et de moines éminents (chinois et japonais), Nara s'affirma comme un haut lieu de la recherche doctrinale bouddhique. Elle conserve aujourd'hui encore les traces palpables de ces temps d'émulation intellectuelle et de prospérité religieuse. Établies dès le milieu du VIIIe siècle, les « Six Écoles de la Capitale du Sud », spécialisées chacune dans l'étude d'un corps doctrinal, s'épanouirent au cœur des sept grands temples de Nara, tout à la fois monastères et lieux d'enseignement. De ces temples, détenteurs de vastes terres et d'un pouvoir économique certain, peu nous sont parvenus dans leur aspect initial. Le Yakushiji (fondation de la pagode en 717) et le Tôdaiji, fondé en 745, donnent cependant à lire un plan originel symétrique, ordonné à la chinoise selon un axe sud-nord marqué par le *kondô* (pavillon conservant l'image cultuelle principale) et flanqué de deux pagodes*.

Les icônes, souvent des sculptures, témoignent de l'intensité de la dévotion impériale comme de la vitalité d'un art sensuel et réaliste qui, par-delà l'héritage continental, s'imposait dans toute son originalité. HB

Page suivante : Le Buddha couché, Gal Vihara, Polonnaruwa (Sri Lanka).

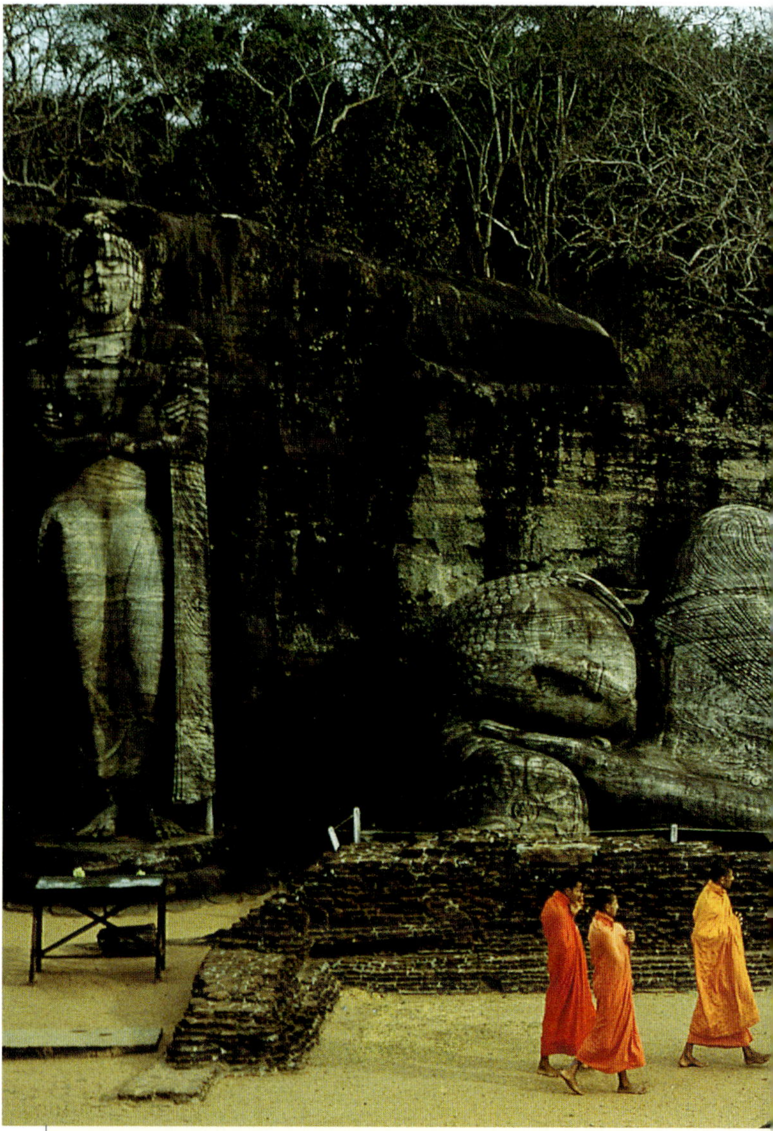

NIRVÂNA
« L'extinction de la douleur »

Il est peu de concepts de la pensée bouddhique qui aient suscité autant de spéculations et de débats que celui de *nirvâna.* Pourtant le Buddha* lui-même souligne dans une parabole à l'un de ses disciples que tout ce que nous pourrions en dire s'apparenterait aux paroles d'un aveugle de naissance sur la blancheur d'une étoffe. Car s'il s'agit bien de l'expérience la plus élevée du bouddhisme, elle échappe en tant que telle à tout lien causal et à tout raisonnement ; le langage est ici sans référent, impuissant à cerner ce qui relève d'une expérience supramondaine.
Reste que l'existence du *nirvâna* fut proclamée lors du premier sermon du Buddha et constitue la troisième des Quatre Nobles Vérités énoncées alors : après le constat de l'omniprésence de la douleur, dont l'origine est la « soif »,

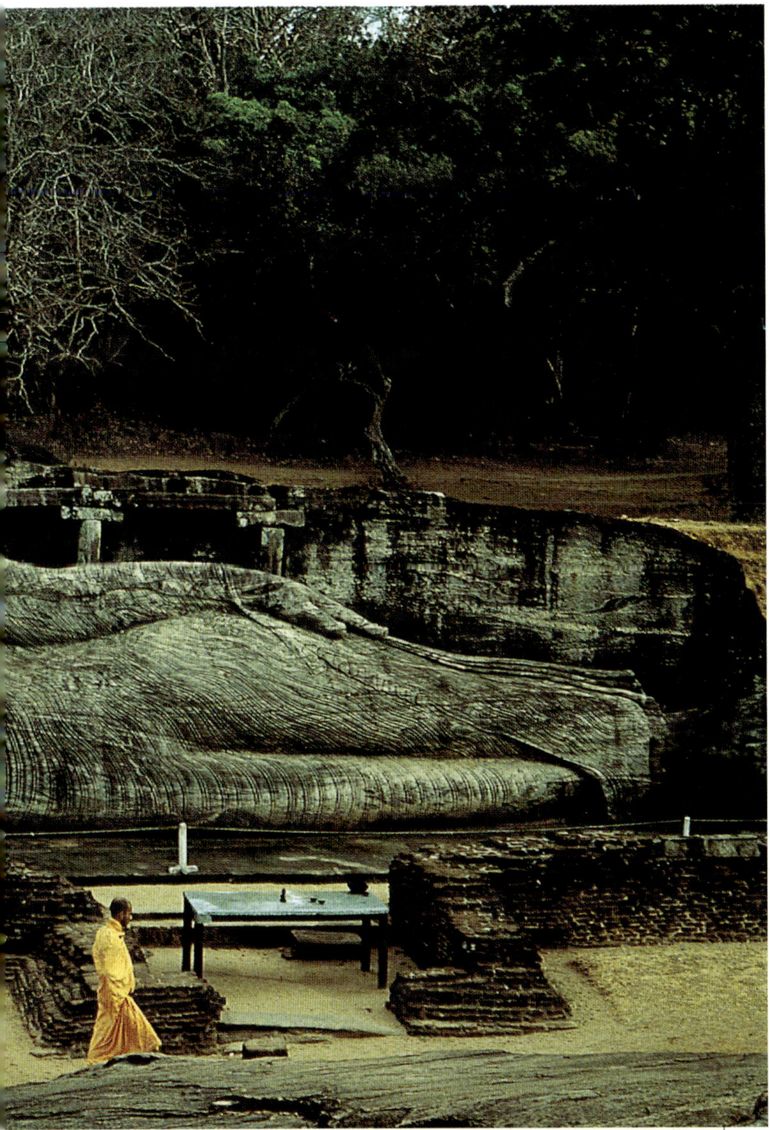

est posée cette Vérité ultime et indémontrable qu'il existe une libération de la souffrance. Cette cessation de la douleur est le *nirvâna*, étymologiquement « extinction » selon l'image d'une flamme qui s'éteint quand huile et mèche sont épuisées. Métaphore non du *nirvâna* mais de la douleur, car ce qui s'éteint ici est bien la soif, lorsque les trois racines du mal, désir, haine et illusion, sont épuisées. Outre la métaphore (le *nirvâna* est l'autre rive au-delà de l'océan des renaissances), les textes canoniques ont essentiellement recours à des termes négatifs pour décrire cet état : il est arrêt, détachement, inconditionné, immuable. Il ne s'agit pourtant pas d'un anéantissement, tout au plus d'un état d'absence et de pure équanimité, Vérité absolue hors de toute dualité. Du *nirvâna* « avec restes d'acquisitions », expérimenté en ce monde par le saint ou le Buddha, est distingué le *nirvâna* total (*parinirvâna*) réalisé au moment de la mort. HB

Nonnes

On attribue au Buddha* lui-même la fondation de la communauté des nonnes (*bhikshunî*). On sait, toutefois, que le Bienheureux refusa dans un premier temps d'admettre des femmes au sein de la communauté monastique (*sangha**) : la société brahmanique, en effet, dénia aux femmes le droit de suivre la voie du renoncement. Rejetant d'abord jusqu'à la requête de sa tante Mahâprajâpatî, qui l'avait élevé à la mort de sa mère, la reine Mâyâ, et qui désirait être admise dans la communauté, le Buddha finit par céder aux instances de son disciple Ânanda*, qui plaida en faveur de la vocation religieuse de Mahâprajâpatî. Consentant à ouvrir la communauté aux femmes, le Buddha imposa néanmoins à celles-ci des règles disciplinaires beaucoup plus rigoureuses que celles auxquelles étaient astreints les religieux, stipulant en outre que les nonnes devaient en toutes occasions obéissance et respect aux moines (*bhikshu*) – fussent-ils nouvellement ordonnés.

Menant une vie monastique analogue à celle des moines, vêtues de la robe safran et le crâne rasé, les nonnes étaient soumises à des règles plus nombreuses et plus strictes que les religieux, règles énumérées dans divers recueils disciplinaires du *Vinayapitaka*, ou « Corbeille de la Discipline ». Ainsi le nombre de fautes imputables aux nonnes est-il plus élevé que pour les moines et les sanctions encourues par les *bhikshunî* plus sévères que celles touchant les *bhikshu*. Si de nombreux couvents de nonnes ont existé en Inde à certaines époques, la communauté des *bhikshunî* ne joua qu'un rôle mineur dans l'histoire du bouddhisme monastique, essentiellement pratiqué par des hommes. AO

Nonnes, Pekon (Birmanie).

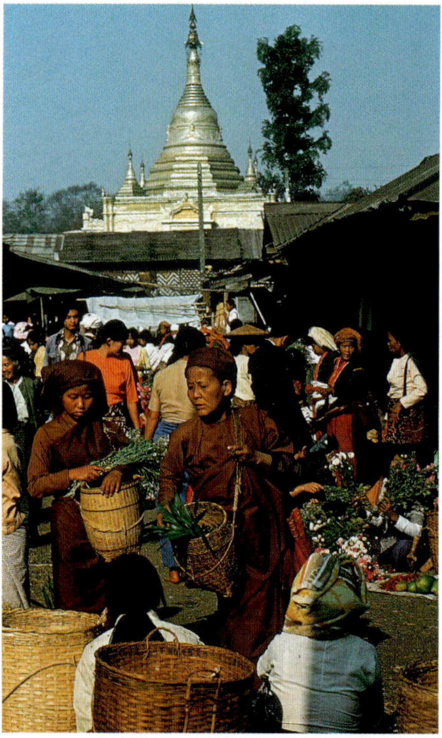

Pagan

À la croisée des routes reliant l'Inde à l'Asie du Sud-Est, la ville de Pagan, en Birmanie (actuelle république du Myanmar), fut un extraordinaire conservatoire de la foi bouddhique pendant près de quatre siècles. Certes, le voyageur qui déambule de nos jours dans cette forêt de temples et de *stûpa** désertés peut difficilement imaginer l'effervescence qui y régnait entre le XIe et le XIVe siècle. Dans cette vaste cité, affluaient jadis, de tout le monde asiatique, diplomates et commerçants, artisans et savants, mais aussi et surtout des milliers de bonzes en quête de spiritualité.

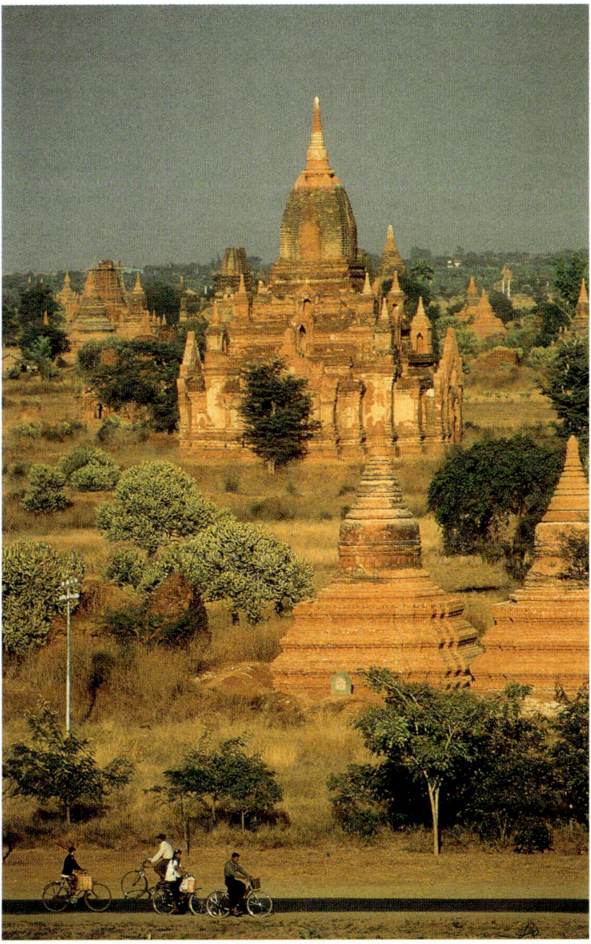

Pagan (Birmanie).

D'étroits contacts n'étaient-ils pas noués tant avec les communautés à tendance mahâyânique (voir Mahâyâna) du Nord-Est de l'Inde et du Bangladesh, qu'avec les adeptes du Theravâda de l'île de Ceylan ? Dûment inventoriés par l'UNESCO et l'École française d'Extrême-Orient, près de 900 temples, 500 *stûpa*, 400 monastères et une trentaine de bibliothèques reflètent encore, en dépit de leur état fragmentaire, l'antique splendeur de la cité déchue.

Converti au bouddhisme des Theravâdin par le Môn Shin Arahan, c'est le roi guerrier Anawrahta (1044-1077) qui assura l'essor de Pagan, érigeant la doctrine du Bienheureux en religion officielle. Échelonnées le long des rives de l'Irrawaddy, les populations des villages n'eurent alors de cesse de bâtir, à titre de corvée, les monuments somptuaires souhaités par leurs souverains successifs. Si les palais et les monastères, érigés en bois, ont hélas tous disparu, subsistent en revanche temples et *stûpa* construits en brique. Abandonnés par leurs fidèles, (les populations ont été déplacées par le régime actuel), ils sont désormais ravalés au rang de monuments touristiques que l'on visite certes, mais devant lesquels, à la différence des sanctuaires d'Angkor*, on ne prie plus… BGS

PAGODE

La pagode est la version extrême-orientale du *stûpa** indien. Conservant en contexte bouddhique les mêmes fonctions commémoratives et le même symbolisme cosmique que ce dernier, ses caractéristiques architecturales se sont constituées en Chine avant d'être diffusées en Corée et au Japon.

Les témoignages les plus anciens de l'existence de tels monuments affleurent parmi les bas-reliefs des sanctuaires rupestres de Chine du Nord, tels ceux de Longmen*, au début du VIe siècle. Ces premières représentations révèlent une accentuation de la verticalité qui restera le propre de la pagode, et qui résulte de l'influence de deux sources architecturales majeures : le *stûpa* aux proportions allongées du Gandhâra* ou d'Asie centrale, bâti sur une superposition de terrasses quadrangulaires, et la tour de guet chinoise telle que les modèles en céramique d'époque Han (206 av. J.-C.-220 apr. J.-C.) l'évoquent, avec étages successifs et toits débordants. La pagode chinoise apparaît dès lors comme un compromis. Pavillon de plan carré ou octogonal, à étages en retrait et encorbellements, elle conserve du *stûpa* un petit dôme supérieur surmonté d'un mât porte-parasols, ainsi que l'axe central, pilier ou hampe.

Les vestiges les plus anciens, datant du VIe siècle, affichent une préférence marquée pour la brique et la pierre, ainsi qu'une rigueur de conception que viennent seules distraire l'ornementation sculptée des façades extérieures et la couleur des tuiles vernissées. Les mêmes tendances sont observées à l'époque Tang (618-907),

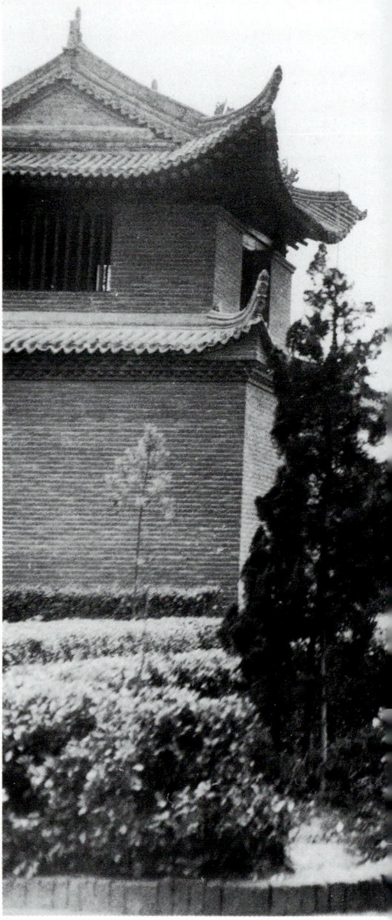

notamment aux Dayan ta et Xiaoyan ta (grande pagode et petite pagode des Oies sauvages) de Chang'an (l'actuelle Xian). La première, édifiée en 652 dans l'enceinte du temple de la Grande Bienveillance, pour abriter les textes rapportés d'Inde par le pèlerin Xuanzang (602-664), est ornée sur chacune de ses façades de bas-reliefs relatant la vie du Buddha*.

Si les siècles suivants voient en Chine l'élaboration de structures plus

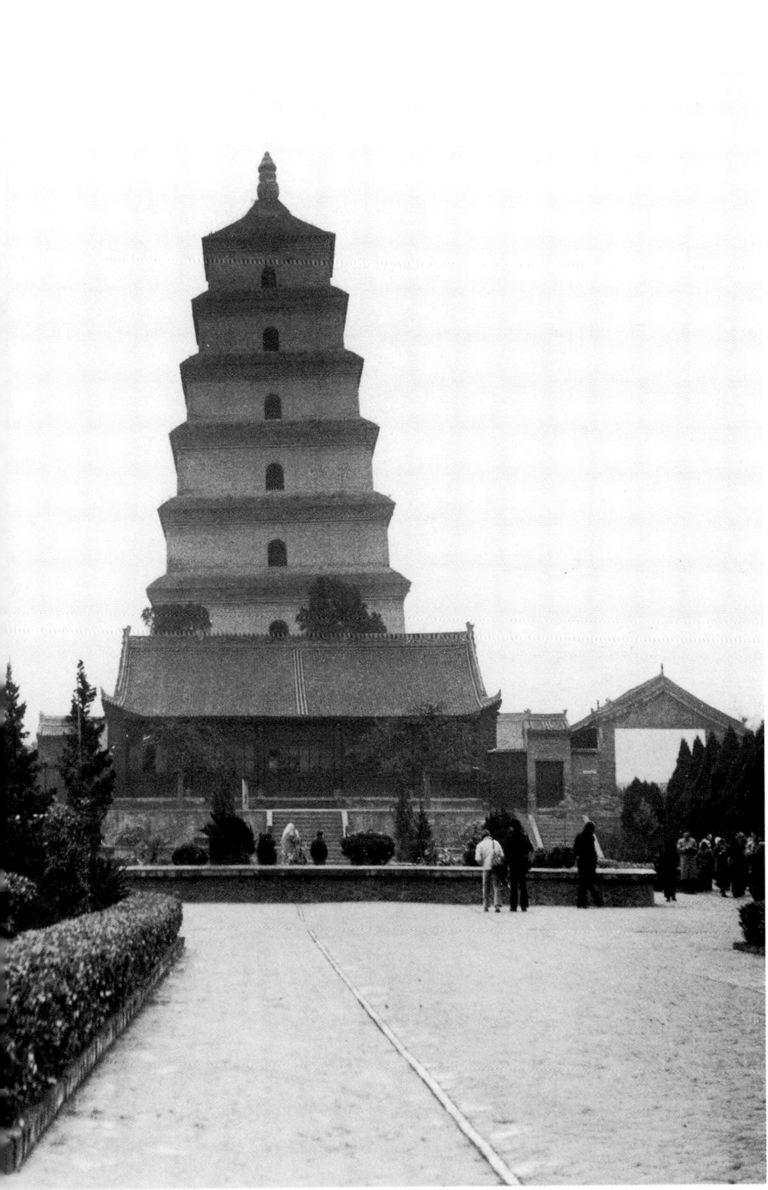

Grande pagode des Oies sauvages, Xian (Chine), VIIe siècle.

« baroques », où le bois est employé concurremment à la brique, c'est le langage simple et clair de cette première phase qui sera exporté en Corée, puis au Japon. Ainsi à Kyŏngju, capitale du Grand Silla (668-935) en Corée, plusieurs pagodes de pierre témoignent de l'intense activité religieuse (voir le monastère* de Pulkuksa, consacré en 751) et de la prépondérance du modèle Tang. Usage exclusif du bois et étirement des proportions marquent l'idiome architectural japonais, dont la pagode du Hôryûji, à Nara*, élevée au VIIe siècle, est un bel exemple. Monument symbolique du Mahâyâna*, la pagode n'est plus uniquement un reliquaire, mais un véritable *mandala** abritant des images peintes et sculptées des *buddha* des quatre orients. HB

Pâli

Le Buddha* étant mort sans avoir laissé de traité codifiant sa doctrine ou définissant les règles de la communauté, un concile se tint à Râjagriha, un an après le *Mahâparinirvâna* (voir Nirvâna), à l'instigation du moine Kâshyapa*. Mais c'est à Ceylan – au Ier siècle av. J.-C., selon les chroniques cinghalaises – que fut véritablement fixé le canon bouddhique en langue pâli, adopté par les tenants du bouddhisme du Hînayâna*, ou Petit Véhicule, attesté au Sri Lanka, en Birmanie, en Thaïlande, au Laos et au Cambodge.

Le canon pâli comprend trois grands ensembles de textes, désignés par l'appellation de « Triple Corbeille » ou *Tipitaka* (en sanskrit, *Tripitaka*). La « Corbeille de la Discipline » (*Vinayapitaka*) expose les règles disciplinaires gouvernant la vie monastique (voir Sangha). La « Corbeille des Textes » (*Suttapitaka*) rassemble les prédications, sermons, discours et dialogues constituant la totalité des enseignements doctrinaux attribués au Buddha et recueillis par son disciple Ânanda* – au nombre desquels figurent notamment les *Jâtaka**, ou récits des existences antérieures du Bienheureux, ainsi que les *Apadâna*, les « Exploits », recueils d'actions édifiantes. La « Corbeille de la Dogmatique » ou « Corbeille du retour technique sur la Loi » (*Abhidhammapitaka*), se fondant sur les enseignements exposés dans les *sutta* (en sanskrit, *sûtra**), contient l'exposé de la Doctrine bouddhique, divisé en sept traités. Parmi les textes non canoniques, mais étroitement liés au canon pâli, figure le *Milindapanha* ou « Questions de Milinda », dialogue entre le souverain indo-grec Milinda (Ménandre) et le moine bouddhiste Nâgasena sur des questions de doctrine bouddhique. AO

Paradis

Comme elle conçoit de multiples *buddha* et *bodhisattva**, la tradition du Mahâyâna* envisage une infinité de mondes mystiques sur lesquels s'exercent les méditations*. Situés dans les « Dix Directions » de l'univers, ces « champs de *buddha** », Terres pures du bouddhisme chinois, sont décrits dans les *sûtra** du Grand Véhicule comme des contrées paradisiaques où « la jouissance est absolument pure, absolument bienheureuse, absolument irréprochable, absolument efficace » (Xuanzang, trad. La Vallée

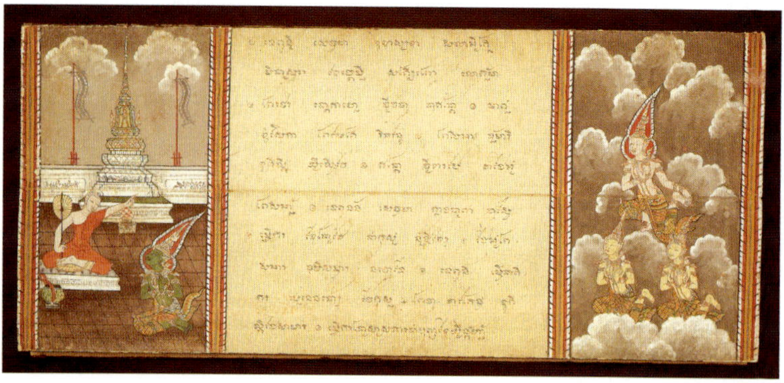

Phra-Malai annonce à Indra la venue de Maitreya. Manuscrit en pâli versifié, Thaïlande. Paris, musée Guimet.

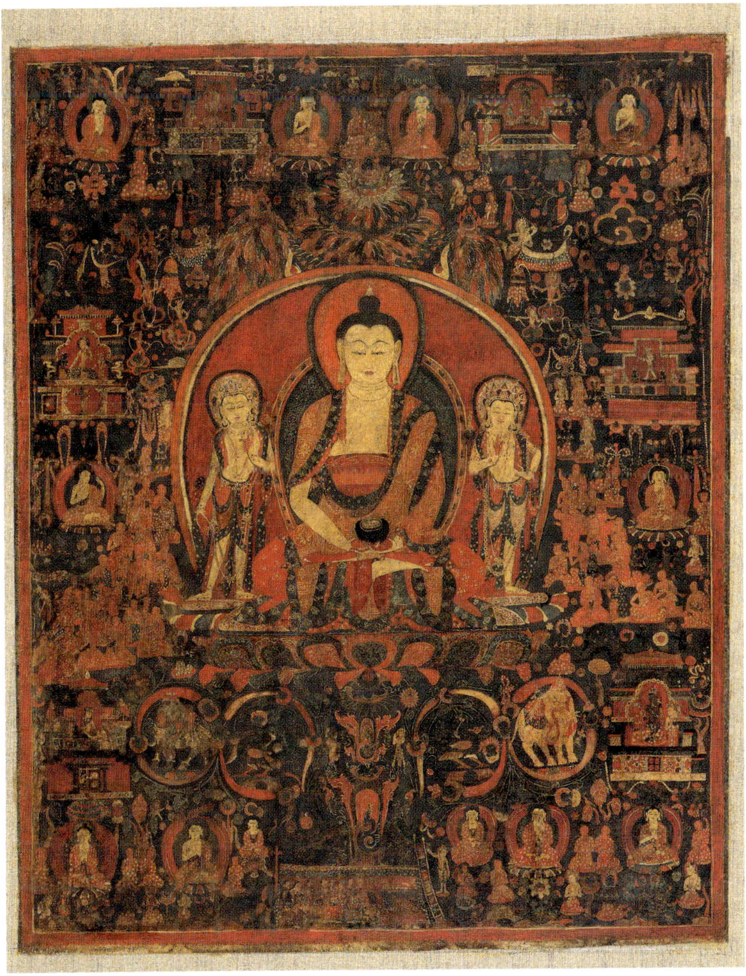

Paradis d'Amitâbha. Détail d'un thangka, Tibet occidental. Détrempe sur toile. Paris, musée Guimet.

Poussin). Chacun d'entre eux, localisé à une incalculable distance de notre monde, est la terre de prédication glorieuse d'un *buddha* et le lieu d'une possible renaissance pour le dévot. L'archétype de ces scènes paradisiaques fut constitué dans les premiers temps du Mahâyâna par la prédication du « Sûtra du Lotus de la Bonne Loi » par Shâkyamuni sur le Pic des Vautours. Le Bienheureux lui-même aurait fait surgir, divisant son propre corps et transcendant le temps et l'espace, d'innombrables Terres de *buddha* : telle la « Terre de pur béryl » de Bhaishajyaguru (en japonais, Yakushi Nyorai), située à l'est, ou la « Terre Heureuse » d'Amitâbha*, située à l'ouest.
Cette dernière a fait, à travers tout l'Extrême-Orient, l'objet d'une dévotion intense que reflètent la large proportion des textes du canon chinois qui lui sont consacrés ainsi que l'éclosion d'un art spécifique, donnant une forme concrète et plus accessible aux visions paradisiaques élaborées par les *sûtra.*

Pèlerin chinois, Dunhuang, première moitié du VIIIe siècle. Peinture sur papier. Paris, musée Guimet.

Des peintures murales de Dunhuang* aux Taima Mandala (représentations peintes du paradis d'Amitâbha*) japonais, la filiation est sans faille, et la fidélité aux textes constante. Au sein d'un vaste paysage au sol de lapis-lazuli, parsemé d'arbres de pierres précieuses et d'oiseaux magiques, de palais de style chinois et de divinités musiciennes, siège, sur un trône de lotus, le buddha Amitâbha entouré des *bodhisattva* Avalokiteshvara* et Mahâsthâmaprâpta ; au premier plan, l'étang aux âmes renaissantes, figurées sous les traits de très jeunes enfants émergeant de fleurs de lotus à peine écloses. HB

PÈLERINAGE
Le long des routes de la soie

On englobe sous le même terme de pèlerinage deux types de pratiques observées à travers toute l'Asie bouddhique, qui diffèrent au moins dans leur objet : les pèlerinages sur des lieux définis comme saints dans le bouddhisme, et les pèlerinages-pérégrinations vers les terres mères de cette religion dictés par le désir de se procurer les textes sacrés.

Si cette seconde catégorie correspond à l'époque de la diffusion du bouddhisme à travers l'Extrême-Orient, la première apparaît comme une pratique constante depuis l'époque d'Ashoka*.

Comme le culte des reliques*, le culte de certains lieux saints et les pèlerinages qu'il suscita constituent l'un des aspects du rituel bouddhique, dans la mesure où il s'agit d'actions symboliques et renouvelées, centrées sur un objet, monument ou site, ayant vocation de perpétuer une présence sacrée. Les quatre lieux saints entre tous du bouddhisme sont liés aux quatre temps forts de la vie du Buddha* : Lumbini (naissance), Bodh-Gayâ (Éveil*), Sârnâth*, près de Bénarès, (premier sermon) et Kushinagara (*Parinirvâna*). Non seulement ils constituent une sorte de mémoire géographique de la Doctrine, mais ils représentent le Buddha en tant que traces de son existence mondaine. En plus d'assumer une fonction commémorative, le pèlerinage est, dans ce contexte, l'expression d'un mysticisme supposant un point de contact entre le fidèle et les manifestations du sacré.

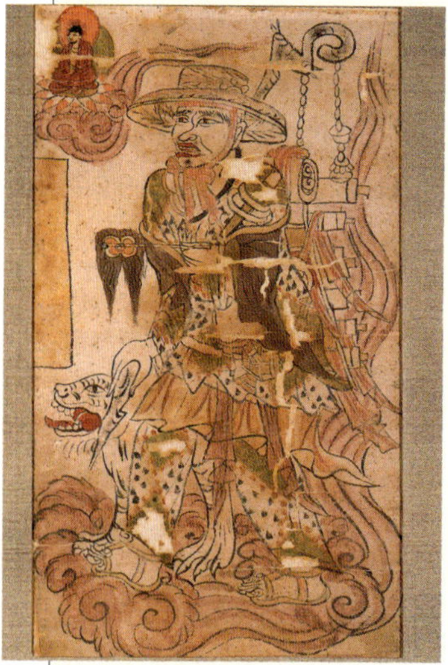

La quête de la Loi et de ses textes fondateurs fut la motivation principale des pèlerins chinois qui entreprirent, dès la fin du IIIe siècle, le voyage depuis leur patrie jusqu'en Asie centrale, puis en Inde. Le développement de la communauté bouddhique en Chine explique que ces moines-pèlerins aient été de plus en plus nombreux dès 400 à cheminer le long des routes de la soie* ou à emprunter la voie maritime du Sud, animés par le désir de s'instruire auprès de maîtres indiens et d'acquérir des *sûtra**. Nombre de ces moines érudits ont laissé des récits de voyage détaillés et édifiants (tels Faxian vers 400, ou Xuanzang et Yijing au VIIe siècle). Cette époque riche de pérégrinations prit fin au cours du IXe siècle, avec les premières persécutions chinoises contre le bouddhisme. HB

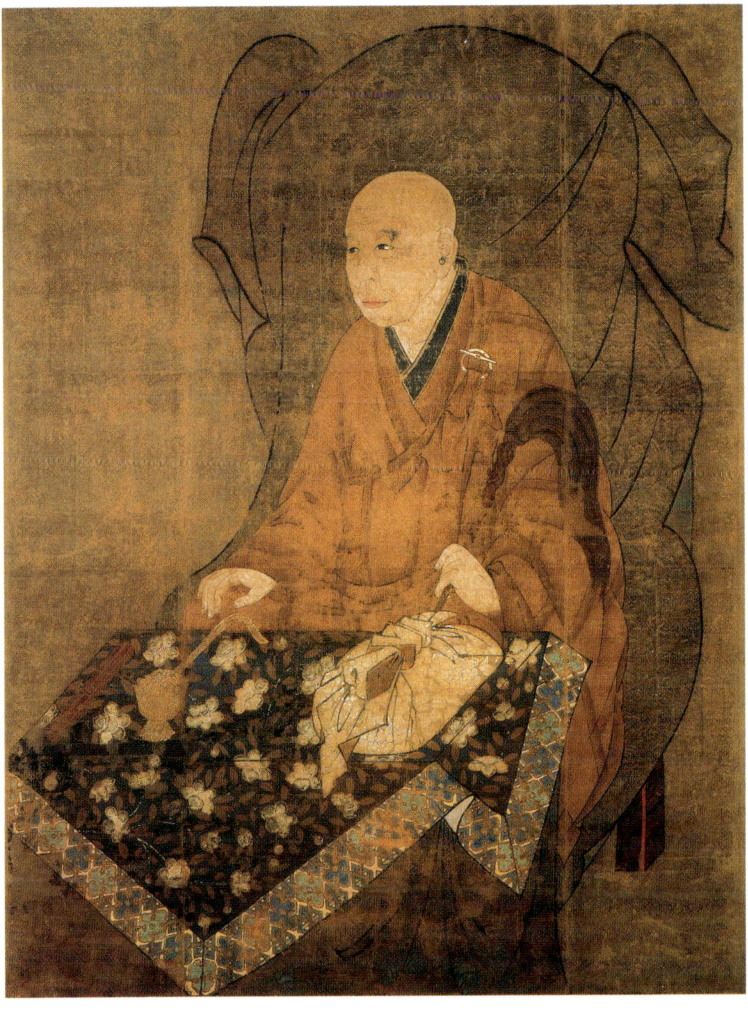

Portrait

L'art du portrait, peint ou sculpté, s'est particulièrement épanoui dans le cadre du bouddhisme extrême-oriental. En témoigne un vaste corpus d'œuvres qui, de l'Asie centrale au Japon, rend plus floues les limites du terme de « portrait », effaçant souvent la fragile frontière qui sépare, dans cette religion, représentations de personnages éminents et images de culte. La notion de réalisme se fonde ici bien plus sur la véracité d'une présence que sur une stricte ressemblance physique, rendue toute relative par la distance géographique et/ou historique éloignant parfois l'artiste de son modèle. Il en est ainsi des effigies chinoises et japonaises des grands disciples du

« Le portrait ne prend son sens que de prendre sa place au lieu du manque, d'être là où celui qui est représenté, décidément, ne sera plus là pour personne. »

Jean Clair, *Éloge du Visible*, 1996.

Portrait du moine Jishin, Japon, XIVe siècle (époque de Kamakura). Couleurs sur soie. Paris, musée Guimet.

Buddha* comme la série conservée au Kôfukuji, à Nara*, datée de 734. Portraits dits imaginaires, fidèles cependant à des prescriptions canoniques, ces œuvres n'en déclinent pas moins une plastique réaliste, s'attachant à rendre les traits psychologiques supposés du sujet.
Les représentations de moines, fondateurs de sectes* ou docteurs éminents de la Loi, posent avec plus d'acuité encore une problématique de la présence inhérente au portrait bouddhique. Réalisées du vivant du maître ou longtemps après sa mort, ces effigies le commémorent et l'invoquent à la fois, se faisant supports du rituel ou de la méditation*. Dans la tradition pourtant iconoclaste du zen (voir Chan), l'image en vient ainsi à perpétuer une filiation (ce dont se fait l'écho la pratique de transmission du portrait de maître à disciple) et, dans le cas de la sculpture, à se substituer au corps réel du modèle. Le lien est alors assuré par le biais de vestiges corporels, qu'il s'agisse de reliques* (ongles, cendres) encloses à l'intérieur de la statue, ou d'une véritable pratique de momification du défunt, qui trouve son prolongement dans la réalisation de portraits en chanvre laqué. Le portrait de Ganjin, fondateur du Tôshôdaiji, réalisé au moment de sa mort, en 763, en est un exemple fameux. HB

Prajnâ

L'un des concepts importants du bouddhisme, la notion de *prajnâ* – « sapience », « sagesse transcendante », « intelligence intuitive » – désigne la compréhension parfaite de la nature de l'existence phénoménale régie par le *samsâra**, des forces qui la gouvernent et des moyens de s'en libérer. Cette sagesse transcendante, qui entre pour moitié dans l'acquisition de la « bouddhéité », est personnifiée dans le courant Mahâyâna* par une divinité féminine, compagne d'une divinité masculine. Innovation importante engendrée par le Mahâyâna, les divinités féminines sont parfois assimilées, dans les *tantra* (voir Tantrisme), aux *shakti*, les contreparties féminines et énergies personnifiées des grands dieux brahmaniques*. Dans le bouddhisme tantrique, l'union de la divinité avec son énergie féminine illustre de manière symbolique l'union complémentaire des moyens (*upâya*) et de la conscience de la vacuité* universelle (*prajnâ*), qui est nécessaire à l'obtention de l'Éveil*.
La Prajnâpâramitâ, ou « Perfection de sapience » est, de même, la personnification de textes mahâyâniques dits *Prajnâpâramitâsûtra*, lesquels enseignent la « Perfection de sapience » ou l'« Extrême de l'intelligence » et constituent les sources canoniques de la doctrine de la vacuité universelle, exposée par l'école des Mâdhyamika, fondée par Nâgârjuna, au IIe ou au IIIe (?) siècle de notre ère. AO

Reliques (culte des)

Après la mort et la crémation du Buddha* sur un bûcher de bois précieux, ses ossements et ses cendres furent pieusement recueillis par les Malla, sur le territoire de qui avait eu lieu le *Mahâparinirvâna* (voir Nirvâna). Mais le roi du Magadha et les chefs de six clans voisins de Kushinagara réclamèrent également leur part des saintes reliques, pour « les honorer ». Afin d'éviter qu'une guerre n'éclate entre les Malla et les

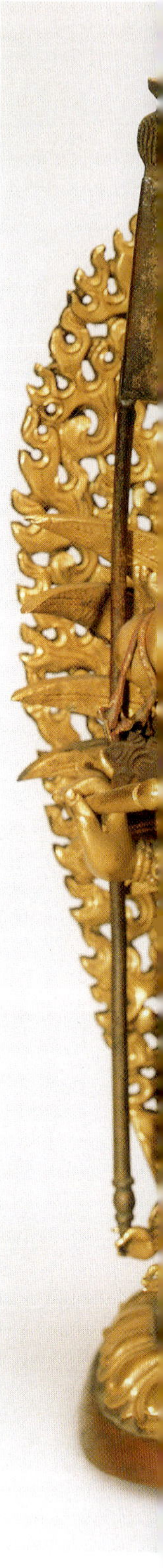

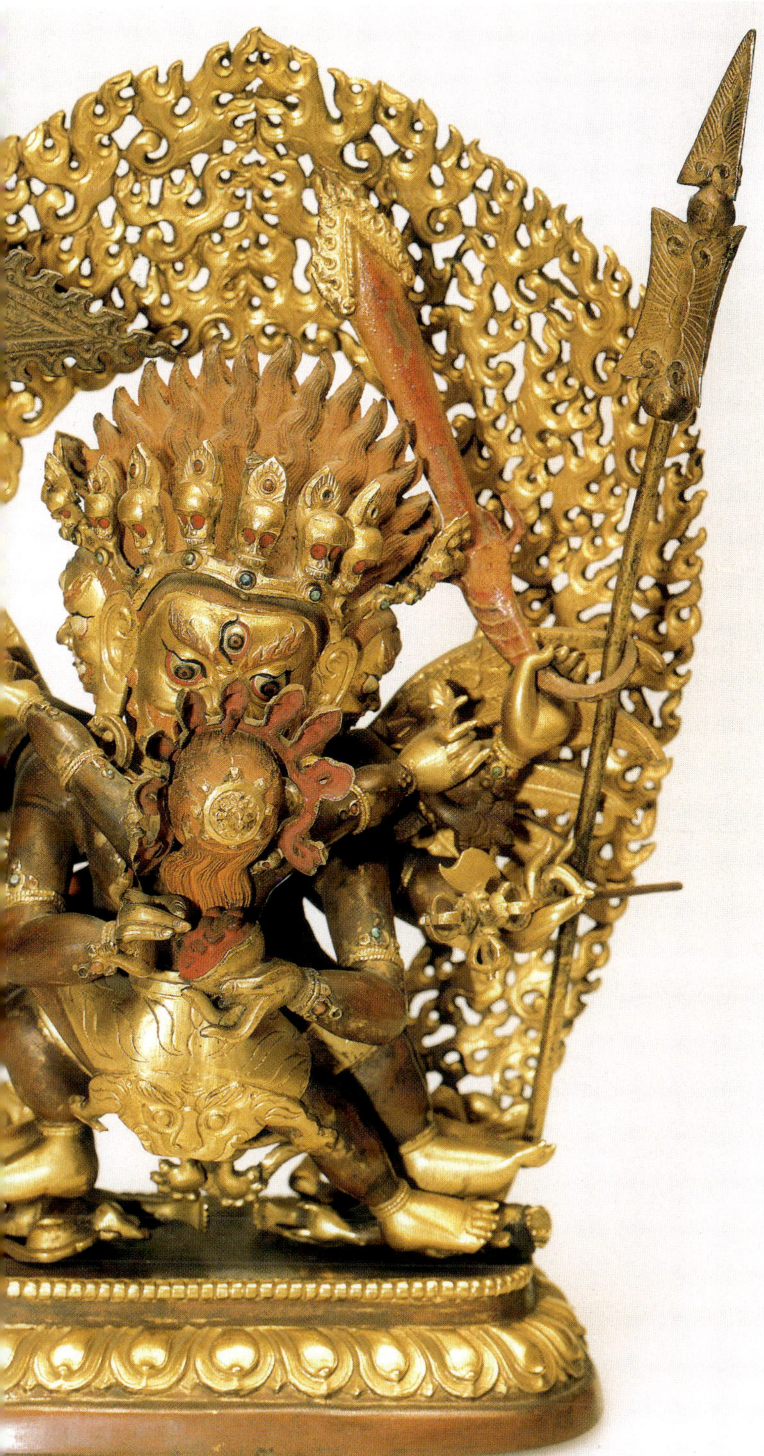

Page précédente : *Hayagrîva et sa prajnâ*, Mongolie (art sino-tibétain). Cuivre. Paris, musée Guimet.

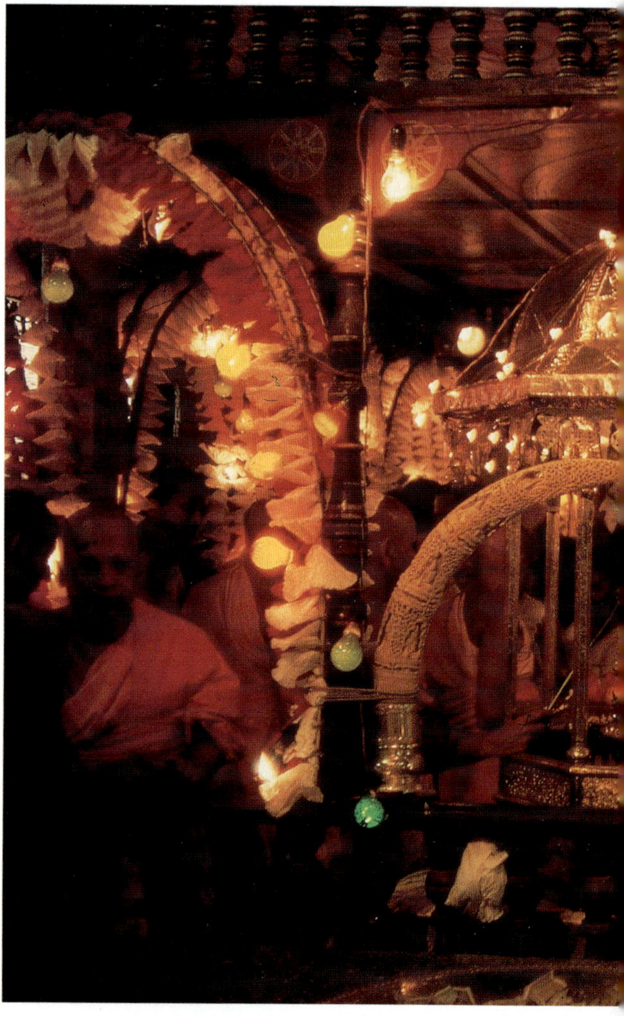

Le temple de la Dent, Kandy (Sri Lanka).

autres souverains, le brahmane Drona entreprit de procéder au partage des reliques du Bienheureux en huit portions égales. Sur les reliques ainsi obtenues, les huit souverains élevèrent chacun un *stûpa**, conformément aux instructions laissées par le Buddha avant sa mort. Plus de deux siècles plus tard, les saintes reliques que s'étaient partagées les rois auraient été divisées en 84 000 parts par l'empereur Ashoka*, désireux de propager la Loi bouddhique jusqu'aux confins de son empire. La légende assure toutefois que les humains n'auraient reçu qu'un tiers des reliques du Bienheureux, les dieux et les *nâga** ayant recueilli les deux autres tiers.

De nombreuses découvertes archéologiques témoignent de l'importance et de l'extension du culte des reliques corporelles (*shârîrakadhâtu*) du Buddha, mais aussi de celles des grands disciples. Déposées dans des cassettes ou des reliquaires de

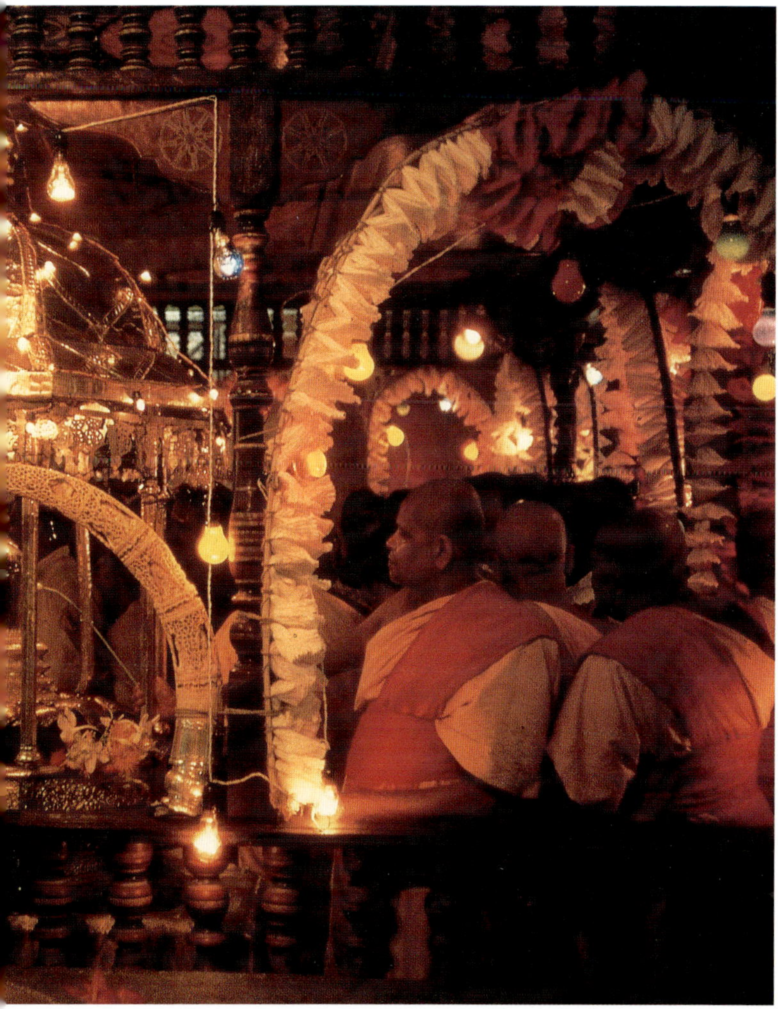

pierre ou de métal (souvent en or ou en cristal de roche) et généralement accompagnées de petits objets précieux à caractère votif (feuilles d'or, fragments de pierres précieuses, statuettes, monnaies), les reliques étaient enfouies dans des *stûpa*, édifices reliquaires et commémoratifs. Le temple de la Dent à Kandy (Sri Lanka) abrite ainsi la célèbre « Dent » du Buddha, relique insigne dont la possession était garante de la sauvegarde du royaume cinghalais. On notera, toutefois, que la tradition pâli* distingue trois catégories particulières de reliques. Aux reliques corporelles déjà citées s'ajoutent les « éléments d'utilisation » (*pâribhogikadhâtu*) – les objets ayant appartenu au Buddha de son vivant, tel son bol à aumônes –, ainsi que les « éléments assignés » (*uddesikadhâtu*) – les monuments élevés afin de commémorer les grands événements de la vie du Buddha, voire de ses existences antérieures (*Jâtaka**). AO

REPRÉSENTATIONS

Le Buddha* eut beau dénoncer l'idolâtrie, un cortège d'images vit le jour quelques siècles après sa mort, illustrant avec verve la geste de l'Éveillé dans ses moindres détails. Les indianistes se disputent encore pour attribuer la paternité de la première figuration sous forme humaine du Bienheureux. L'invention est-elle redevable aux milieux hellénisés du Gandhâra*, favorables à une représentation anthropomorphe des divinités ? Les buddhas de cette région – comprise entre l'Afghanistan et le Pakistan actuels – adoptèrent en effet, dès le Ier siècle de notre ère, le drapé grec mais aussi le sourire olympien dont les successeurs d'Alexandre le Grand gardaient confusément le souvenir. Faut-il, au contraire, reconnaître dans la première figuration de Shâkyamuni une création foncièrement indienne, née dans la région de Mathûra ? Nulle idéalisation dans ces effigies robustes, taillées dans le grès rouge, mais un type physique trahissant d'indéniables parentés avec les génies des arbres et des eaux, figures de la mythologie populaire.

Parallèlement, allait se maintenir dans le Nord de l'Inde, jusqu'au Ier siècle de notre ère, une forte tradition « aniconique » s'interdisant de représenter le Bienheureux sous une autre forme que symbolique. Un cheval sans cavalier, un trône vide, l'empreinte de pas, la Roue de la Loi, un parasol, l'arbre de la *Bodhi* (l'Éveil*) sont autant de signes qui suggèrent sa présence « par défaut ». Demeurée un certain temps à l'écart du courant figuratif, l'école d'Amarâvatî, dans le sud de l'Inde, allait donner à son tour une imagerie complète à la geste de Buddha. Taillés dans un calcaire blanc, ses bas-reliefs décrivent alors avec fraîcheur l'enfant, le prince héritier, l'ascète et le moine que fut le Bienheureux avant d'atteindre l'Éveil. Même si la palme de l'inventivité revient, sans conteste, aux artistes du Gandhâra ! Savoureuses « bandes dessinées » avant la lettre, les plaques de revêtement de leurs *stûpa** allaient offrir, pour de longs siècles à venir, un prodigieux catalogue d'images et de modèles aux praticiens d'Asie centrale, de la Chine et du Japon.

Mais c'est véritablement sous le règne des Gupta, aux IVe et VIe siècles, que l'iconographie du Buddha et de ses attitudes canoniques (*mudrâ*) se fixe définitivement pour être adoptée, certes avec des variantes, par tout le reste de l'Asie. Les yeux mi-clos, les lèvres esquissant un sourire, le visage de l'Éveillé semble plongé dans une profonde méditation, indifférent aux choses de ce monde.

Les spéculations mahâyâniques (voir Mahâyâna), quant à elles, privilégieront l'aspect surnaturel du Bienheureux et multiplieront à satiété les scènes de prédication transcendante, dont on retrouve la trace jusqu'au Japon… BGS

L'Assaut de Mâra, Ghantashâla (Inde du Sud), IIe siècle.
Calcaire marmoréen. Paris, musée Guimet.

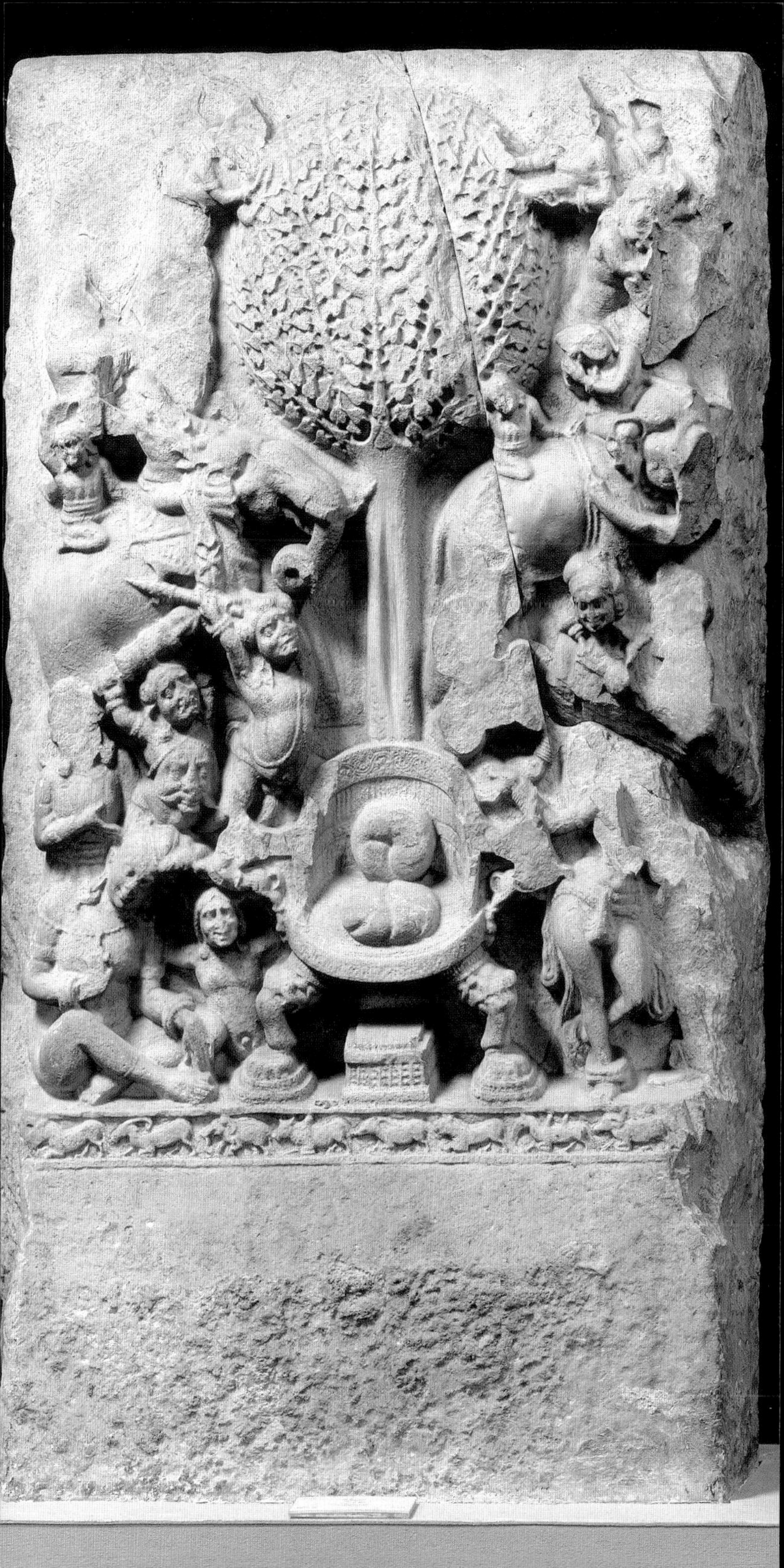

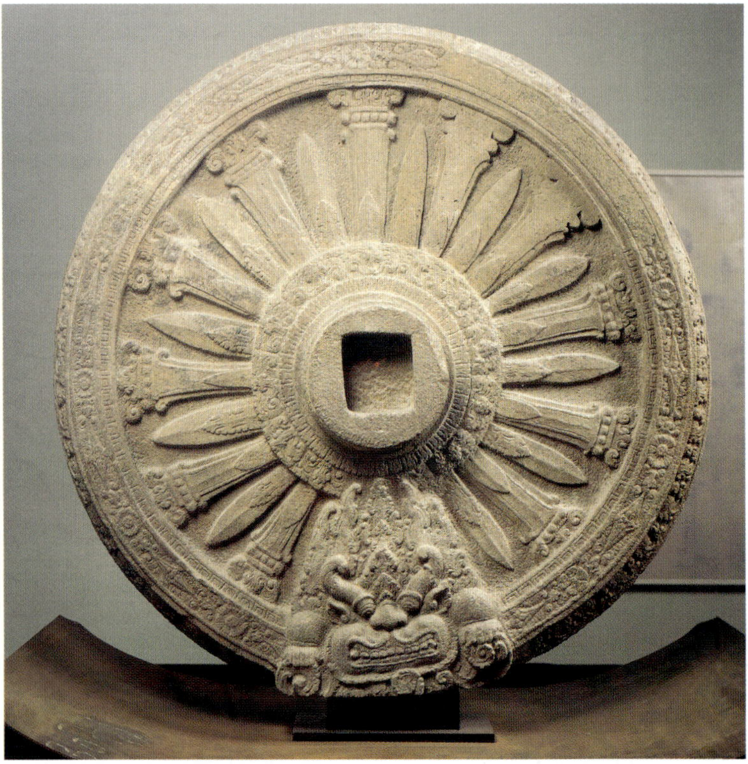

Roue de la Loi, Thaïlande, VIIIe-IXe siècle. Pierre. Paris, musée Guimet.

Roue de la Loi

La Roue de la Loi (*dharmachakra*) est à la fois le symbole du Buddha*, de la Loi bouddhique et de l'enseignement de la Doctrine. Dans l'art aniconique de l'Inde ancienne (voir Représentations), où le Buddha était représenté non sous une forme humaine, mais par des symboles explicites et conventionnels liés à la légende bouddhique (le lotus, le trône vide, l'arbre de l'Éveil*, le *stûpa**...), la figuration de la Roue, surmontant un trône ou un pilier et accompagnée de deux gazelles affrontées, évoque le premier sermon du Buddha dans le Parc aux gazelles de Sârnâth*. C'est là, en effet, que le Bienheureux, exposant à ses disciples les Quatre Nobles Vérités, mit pour la première fois en mouvement la Roue de la Loi. La Roue compte également au nombre des trente-deux marques de prééminence (*lakshana**) distinguant de celui du commun des mortels le corps des *buddha* et des monarques universels (*chakravartin*) – dont la paume des mains et la plante des pieds portent l'empreinte du *dharmachakra*.

La Roue est, du reste, l'un des Sept Joyaux dont est pourvu le monarque universel, que sa nature et ses dispositions exceptionnelles désignent comme le type même du souverain idéal,

gouvernant « sans le bâton » (*adandena*), mais « selon l'Ordre » (*dharmena*) ; se mouvant dans les airs, suivant le *chakravartin* dans ses voyages jusqu'aux limites de l'empire, la Roue se fixe à la porte de son palais. Au IIIe siècle av. J.-C., l'empereur Ashoka*, après sa conversion au bouddhisme, s'employa à régner suivant ce modèle de souveraineté exemplaire, reflétant tout à la fois un idéal moral et religieux – ici la Loi bouddhique –, mais également un idéal politique, voire cosmique. AO

Samsâra

Apparue vers le VIe siècle av. J.-C. et attestée dans les plus anciennes *Upanishad** védiques, la croyance en la transmigration sans fin des êtres (*samsâra*) constitue le dogme central de la pensée philosophique et religieuse de l'Inde, tant brahmanique* que bouddhique et jaïne (voir Jaïnisme). Déterminé par le *karman**, corollaire obligé de la transmigration, le *samsâra* résulte de l'enchaînement perpétuel de causes produisant des effets illimités condamnant l'être à d'incessantes renaissances – la valeur morale des actes engendrant les conditions, bonnes ou mauvaises, des renaissances, qui sont elles-mêmes les conséquences de la « maturation » (*vipâka*) des actes d'une existence à l'autre. La plupart des mouvements philosophiques et religieux indiens auront, dès lors, pour but de parvenir à la Délivrance en mettant fin au cycle infini des réincarnations, charriant éternellement dans leur sillage souffrances et morts renouvelées. La Délivrance résulte précisément de « l'épuisement » du *karman*, traditionnellement comparé à une roue de potier qui, privée d'impulsions nouvelles, cesse définitivement de tourner. La voie des actes, marquée par l'observation du rituel et prolongement de l'enseignement védique, mais aussi la voie de la connaissance, les pratiques ascétiques ou encore la pratique du yoga, constituent autant de voies – reflets de systèmes philosophiques et religieux divers – conduisant à la Délivrance et à la libération définitive du flux des existences successives. AO

Sangha

Le *sangha*, ou communauté des fidèles, est l'un des « Trois Joyaux » du bouddhisme, aux côté du Buddha* et du *Dharma**. Il est constitué, au sens large du terme, de quatre assemblées : les moines, les nonnes*, les laïcs, hommes et femmes. Son existence fut établie par le Buddha lui-même, qui passe pour avoir fixé dans leurs moindres détails les règles de la discipline observée par chacun de ses membres.
La discipline morale (*shîla*), qui dicte un comportement éthique reposant sur le renoncement et la compassion, apparaît comme le fondement de la communauté des fidèles laïcs ; ces derniers sont par ailleurs tenus de dispenser aumônes

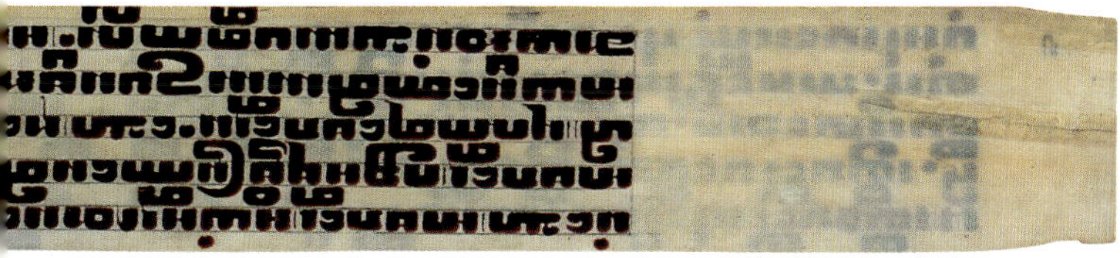

Kammavâcâ, traité sur la discipline des moines, Inde. Ivoire. Paris, Bibliothèque nationale de France, Mss, or., Pali 879.

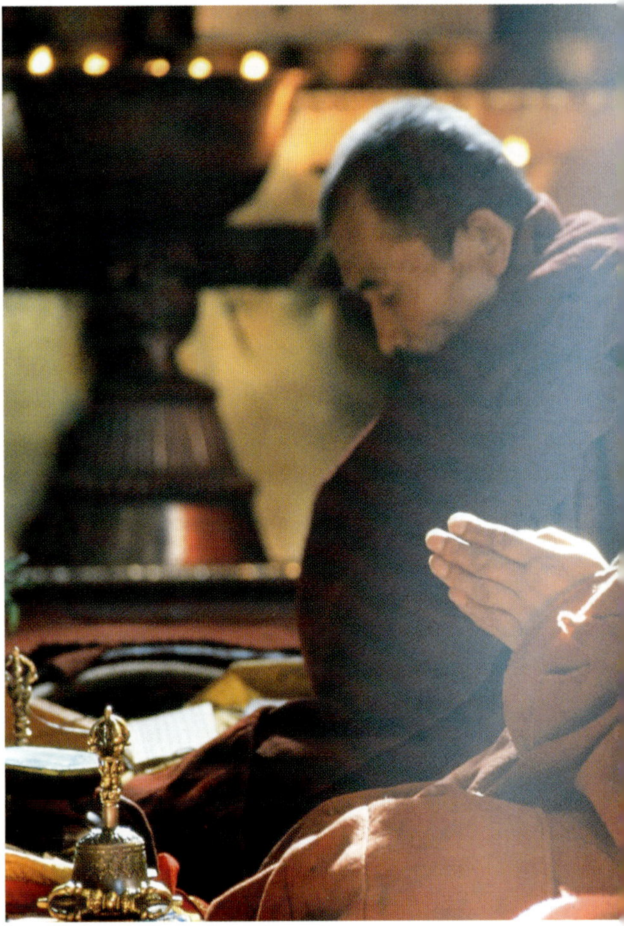

Moines au temple de Jokhang, Lhassa.

(nourriture essentiellement) et dons (allant de vêtements jusqu'à des donations foncières) auprès des moines, dont ils reçoivent en échange le « don de la Doctrine ».
« Sortant de la maison pour être sans maison », la communauté monacale est à l'origine un ordre mendiant, chargé de transmettre la Loi, uni dans son renoncement à toute propriété individuelle et l'observance d'un code disciplinaire (*vinaya*) qui forme une partie essentielle du canon bouddhique. Y sont énumérés pratiques ascétiques (confectionner ses vêtements à partir de haillons, ne s'alimenter qu'une fois par jour avant midi, dormir au pied d'un arbre ou dans une caverne*...), manquements éventuels et sanctions prises en retour, sans que se dessine pour autant la notion précise de péché. Dix fautes capitales (acte sexuel, meurtre, vol...) entraînent l'exclusion définitive du *sangha*.
Enfin, la vie de la communauté est rythmée par deux types de cérémonies : l'ordination en deux temps (d'abord comme novice puis comme moine) et les confessions publiques bimensuelles. HB

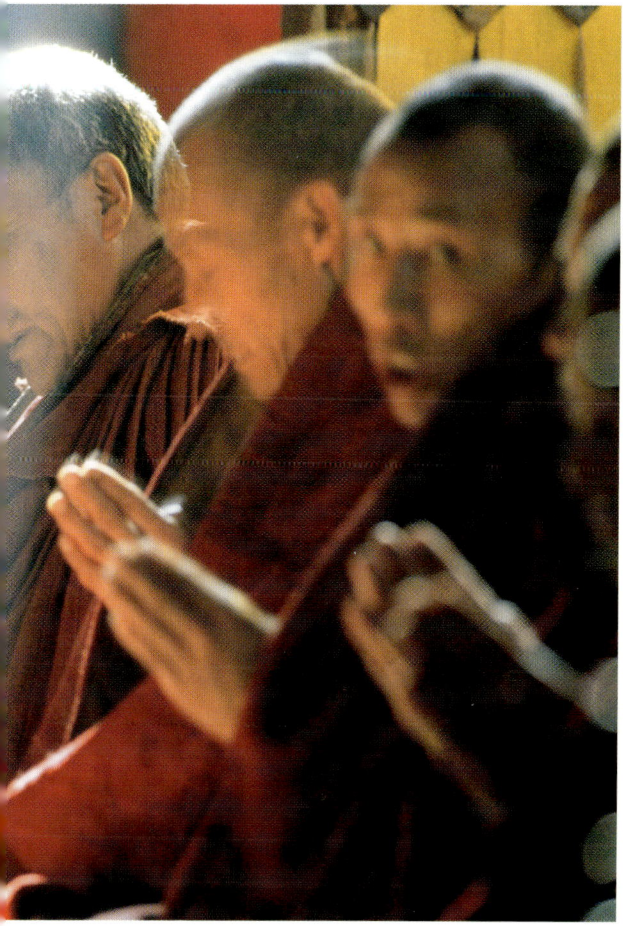

Sârnâth

C'est dans le Parc aux gazelles de Sârnâth, non loin de Bénarès, que le Buddha* – après l'acquisition de l'Éveil* – prononça son premier sermon, dit aussi sermon de Bénarès, à l'intention de ses cinq premiers disciples. Consacré à l'exposé des Quatre Nobles Vérités, il constitue la « mise en mouvement de la Roue de la Loi* » (*dharmachakrapravartana*) et représente également le troisième des « Quatre Grands Miracles » du Buddha – après la Naissance et l'Éveil, et avant le *Mahâparinirvâna* (voir Nirvâna). À l'issue de la prédication du Bienheureux, ses cinq disciples se convertirent à la Loi, entraînant ainsi la fondation de la communauté monastique (*sangha**). Lieu de pèlerinage célèbre dans tout le monde bouddhique, Sârnâth bénéficia, au IIIe siècle av. J.-C., des largesses de l'empereur Ashoka*, ardent zélateur de la Doctrine bouddhique. Ce souverain de la dynastie Maurya y fit élever plusieurs monuments, dont le Dharmarâjikâ Stûpa*, détruit en 1794, qui passait pour abriter des reliques* du Buddha. Il y érigea également une colonne

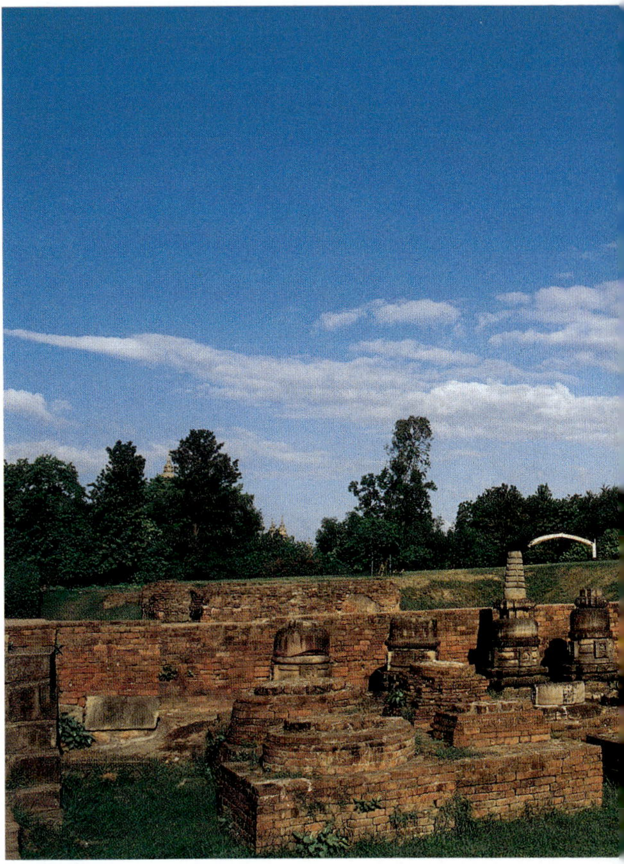

au fût gravé d'une inscription destinée à la communauté monastique de Sârnâth, et au chapiteau couronné de quatre avant-corps de lions, au-dessus desquels était autrefois dressée la Roue de la Loi*, symbole de la foi bouddhique. C'est de la fin de l'époque Gupta – où, dans l'école dite de Sârnâth,

SECTES
Des éventuels contre-pouvoir

Au cours des deux siècles qui suivirent le *nirvâna** du Buddha*, se fit jour, au sein du *sangha**, une tendance schismatique qui devait aboutir très vite à l'émergence de diverses écoles caractérisées par des divergences d'interprétation touchant autant à la Doctrine qu'à la pratique. Dix-huit « écoles anciennes » sont traditionnellement répertoriées en Inde, bien que les sources historiques rendent compte d'une réalité plus confuse. Ces divisions internes étaient du moins la marque d'une recherche philosophique active, inhérente au bouddhisme dès ses origines.

Cette diversité de courants explique que le bouddhisme du Mahâyâna*, lorsqu'il se diffusa en Chine, en Corée et au Japon, ait donné naissance à un nombre important d'écoles et de sectes entretenant avec les pouvoirs politiques des liens souvent étroits.

On entend par école ou secte une communauté religieuse unie par un même système doctrinal, fondé sur l'étude d'un corpus de textes précis. Celles-ci se distinguent essentiellement en terme d'audience, le rayonnement d'une secte

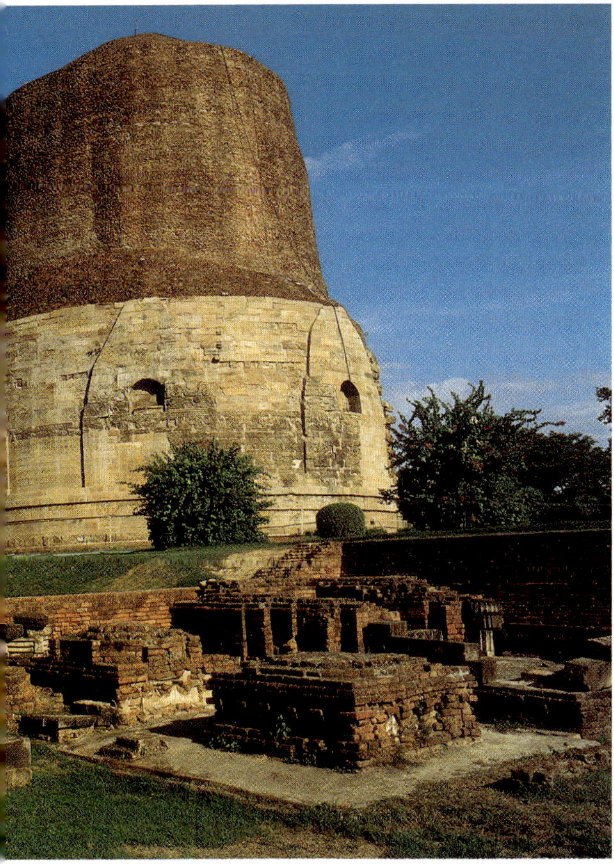

Dhamekh Stûpa, Sârnâth (Inde).

l'épanouissement de la statuaire bouddhique constitue l'un des apogées de l'art indien – que date le Dhamekh Stûpa, qui fut peut-être érigé, vers la fin du VIe siècle, sur l'emplacement d'un petit *stûpa* de brique élevé par Ashoka à l'endroit même où le Buddha avait prononcé son premier sermon. AO

dépassant largement celui, limité, d'une école savante. La plus ancienne des écoles du Mahâyâna à s'être constituée en Inde est l'école de la Voie du Milieu (centrée sur la thèse de la vacuité* universelle), présente en Chine dès le Ve siècle et intégrée aux Six Écoles de Nara* au VIIIe siècle.

Parallèlement, certaines sectes nées en Extrême-Orient ont suscité un vaste mouvement d'adhésion populaire, au-delà du cercle restreint de la communauté monastique. Elles ont en commun une dévotion à l'endroit de figures de culte majeures – telles les sectes de la Terre Pure, centrées sur Amitâbha* – ou une simplification de la pratique rendue accessible au plus grand nombre (c'est le cas du chan*).

Si l'État s'efforça toujours, au Japon comme en Chine, d'exercer un strict contrôle sur l'Église bouddhique, la montée en puissance de certaines sectes a souvent pesé comme un contre-pouvoir économique et politique, face auquel les seules armes furent parfois la répression (proscription du bouddhisme en Chine en 843-845) ou l'éloignement (transfert de la capitale de Nara* à Kyôto en 794, pour échapper à l'emprise des grands monastères*). HB

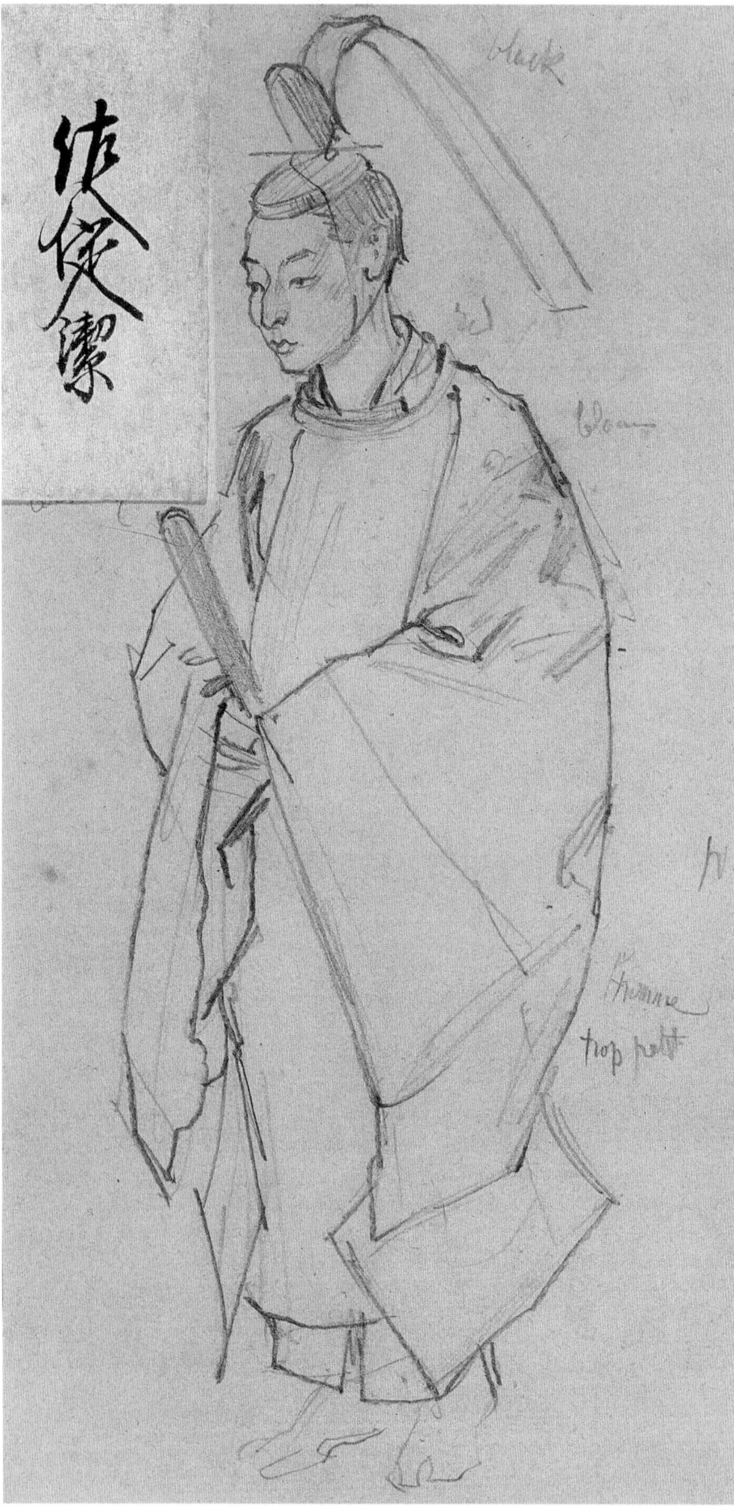
black
trop petit

Shâkyamuni. Voir Buddha

Shintoïsme

Le bouddhisme, au cours de sa propagation de l'Inde à l'Extrême-Orient, procéda plus par assimilation des courants religieux préexistants que par rejet de ceux-ci. Le Japon est un bon exemple de ce processus, par la symbiose opérée très tôt entre le shintoïsme, religion autochtone de l'archipel, et le bouddhisme. En fait, il semble que ce système de croyances locales se soit formalisé et défini au contact même de la religion étrangère.

Bien que très mal connu dans sa forme primitive parce que antérieur à l'introduction de l'écriture depuis la Chine et étranger à toute logique figurative, il semble avoir été essentiellement un culte de la nature enrichi de croyances en des divinités ancestrales. L'émergence du terme de *shintô* (« Voie des dieux ») est tardive au regard de l'ancienneté de la réalité qu'il recouvre, puisqu'il n'apparaît qu'en 720, dans le contexte des *Annales du Japon* (*Nihon Shoki*). Le mot est par ailleurs d'emblée subordonné à celui de *butsudô*, « Voie bouddhique ». À cette proximité étymologique répond une véritable absorption du panthéon des dieux nationaux (les *kami*) par la pensée bouddhique, ceux-ci étant considérés comme des protecteurs de la Loi du Buddha*, soumis au cycle des renaissances (voir Samsâra).

Avec le développement du syncrétisme shinto bouddhique, dès l'époque de Heian (794-1185), les *kami* en vinrent à être conçus en tant que simples manifestations temporaires du corps d'essence des *buddha* dont ils sont les « traces descendues ». En réaction à cette interprétation, un shintoïsme pur fut élaboré par les premiers théoriciens du *shintô* au XIVe siècle. HB

Étude de prêtre shintô, Félix Regamey. v.1876 Crayon sur papier. Paris, musée Guimet.

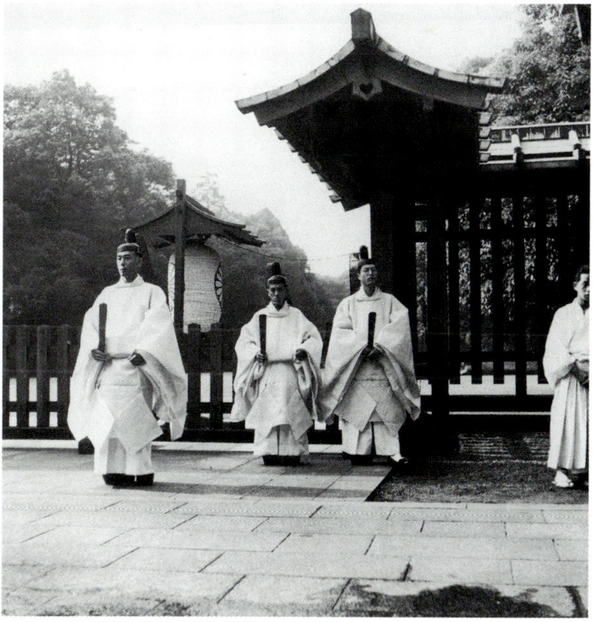

Prêtres shintoïstes, Japon.

Shôtoku Taishi

Le prince Shôtoku (574-622), fils de l'empereur Yômei et prince régent à partir de 593, apparaît comme une figure fondatrice du bouddhisme japonais, dont l'importance historique fut relayée, dès le VIIIe siècle, par une dimension mythique jamais démentie.

Son action, tant dans les domaines politique que culturel, fut marquée par sa profonde ferveur religieuse et par un souci constant de structurer l'Empire japonais sur le modèle de son puissant voisin chinois. En témoigne, après l'adoption d'une hiérarchie administrative calquée sur le système chinois (603), la promulgation de la célèbre Constitution en dix-sept articles (604). Texte de portée avant tout morale rédigé à l'attention des fonctionnaires, elle affirme l'interférence du bouddhisme dans les affaires de l'État, en particulier dans son article 2 : « Que l'on vénère avec ferveur les Trois Joyaux, qui sont le Buddha*, la Loi et la Communauté, refuge final des quatre modes de génération, principe ultime des dix mille royaumes. » (trad. J.N. Robert). On attribue au prince Shôtoku, engagé à titre personnel dans l'étude et la pratique du bouddhisme, la fondation de sept temples (dont, vraisemblablement, le Shitennôji à Osaka et le Hôryûji à Nara*) ainsi que la composition de trois commentaires de *sûtra**. Bien que ce dernier point ait été mis en doute, il participe d'un ensemble de croyances qui tend à voir en Shôtoku Taishi le garant « surnaturel » d'un bouddhisme-religion d'État. HB

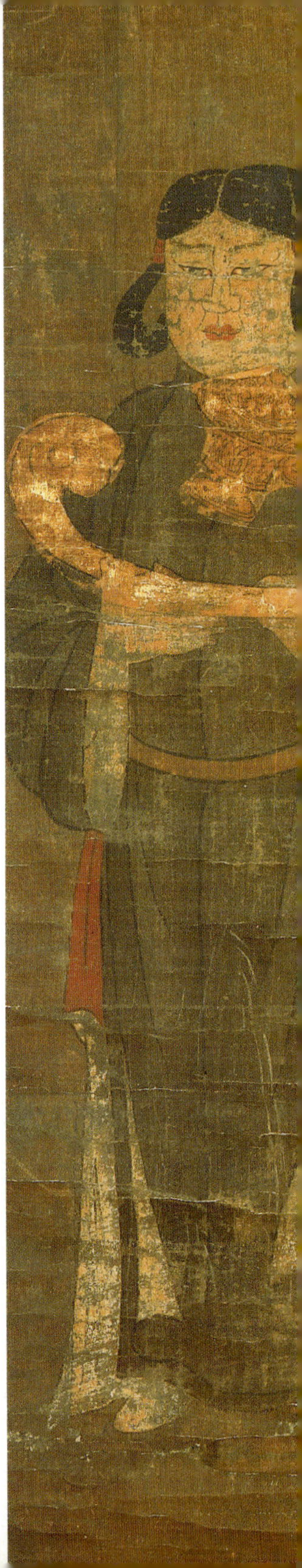

Le Prince Shôtoku entre deux enfants, Japon, XIIIe-XIVe-siècle. Couleurs sur soie. Paris, musée Guimet.

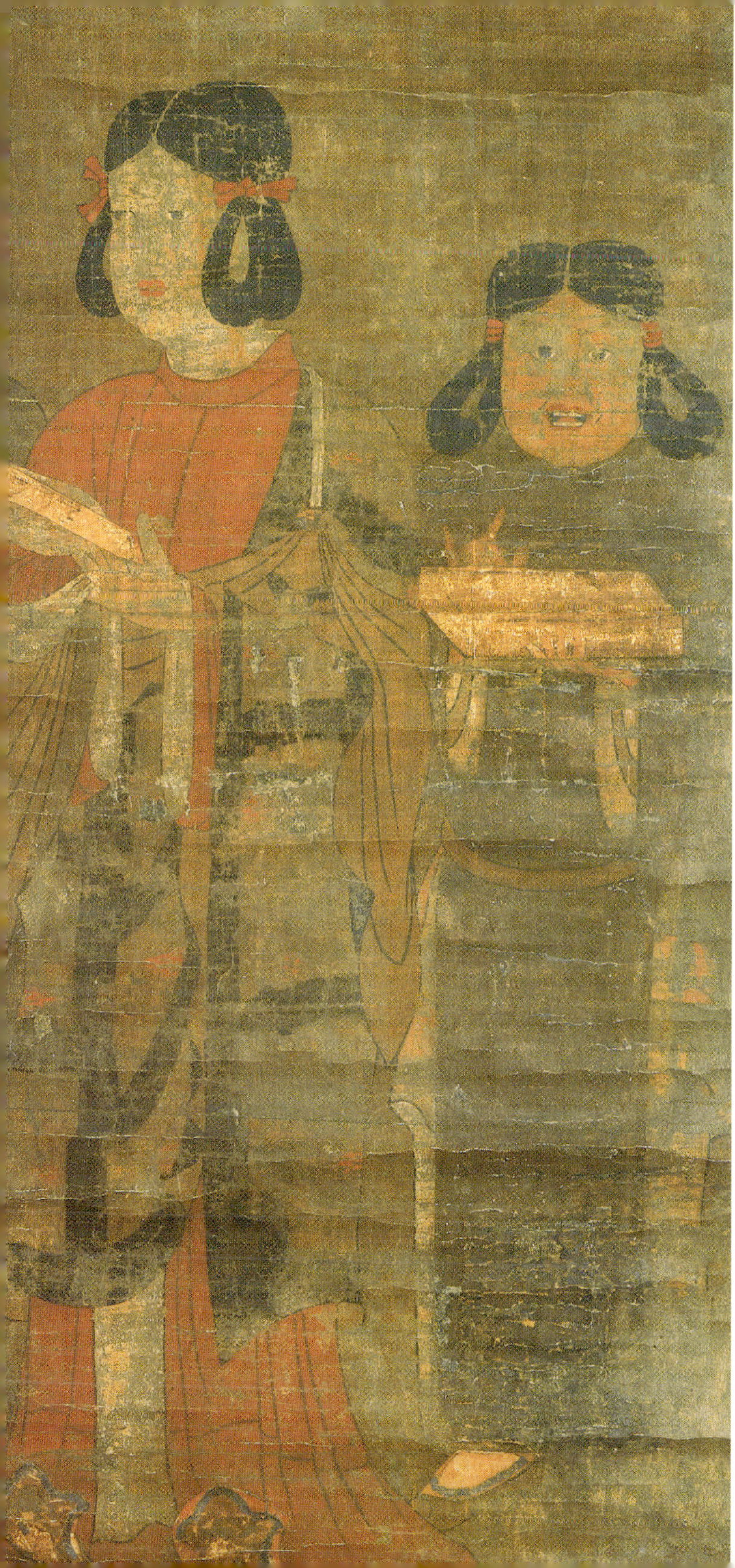

SOIE (ROUTE DE LA)

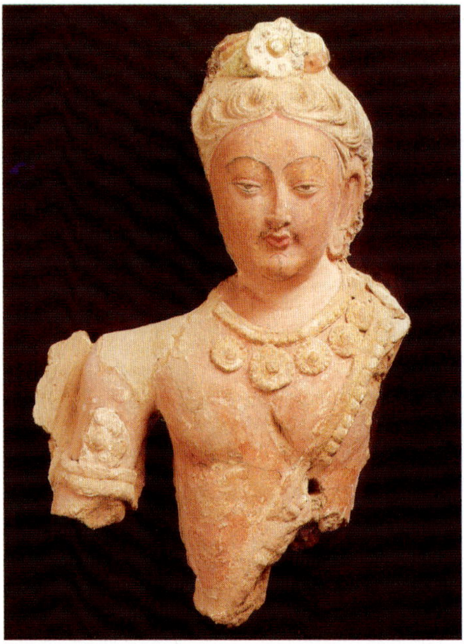

Bodhisattva ou *devatâ en buste*, Kumtura (Asie centrale), VIIe-VIIIe siècle. Torchis polychrome. Paris, musée Guimet.

« Le pire des déserts et le plus dangereux du monde. » C'est avec ces mots terribles que l'explorateur suédois Sven Hedin décrivit le Taklamakan, vaste océan de sable qui a englouti dans ses dunes un nombre incalculable de caravanes. Venant de Chine, du Tibet, du Cachemire ou d'Afghanistan, combien de voyageurs, pèlerins, marchands, soldats ou prêtres s'égarèrent sur cette « via dolorosa » pour y laisser blanchir leurs os ? Et pourtant, durant tout le Ier millénaire avant notre ère, cette inhospitalière région d'Asie centrale, dont le nom a si souvent varié sur les cartes des géographes (Tartarie chinoise, Turkestan chinois ou oriental, Sin-kiang, Sérinde), a vu fleurir sur son sol désertique l'une des plus brillantes civilisations qui soient. Protégées à l'ouest par les montagnes du Pamir (« le Toit du monde »), bordées au nord par la haute chaîne des Tianshan ou monts Célestes, séparées des plateaux tibétains, au sud, par les sommets du Karakoram et du Kun Lun, des sociétés raffinées virent le jour à l'ombre des oasis. De taille et d'importance diverses, s'égrenant comme autant d'étapes à quelques journées de marche les unes des autres, ces cités du désert, qui tirèrent leur subsistance du trafic des caravanes, allaient dessiner pendant près de dix siècles la carte des échanges économiques mais aussi spirituels entre Orient et Occident. Car si chameaux, chevaux et mules périrent chaque année sur cette piste épuisante, en transportant métaux, ivoire, corail, ambre ou bien encore ce fameux tissu du pays des Sères qui allait donner son nom à cette « route de la soie » (le terme sera

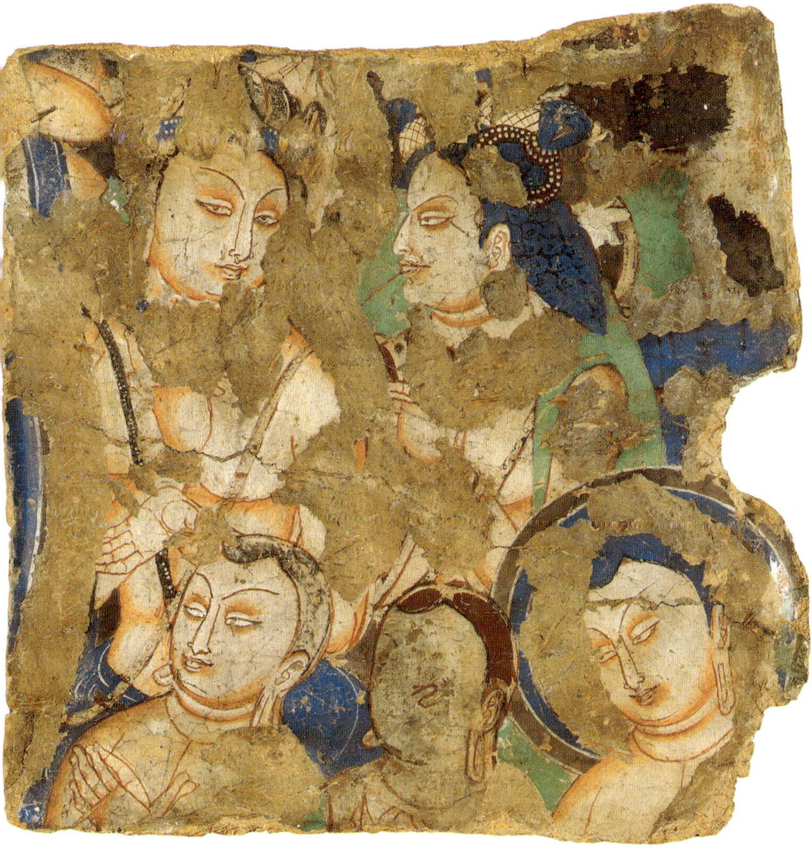

Scène de prédication (détail), peinture murale, première motié du VIIe siècle.
Grotte de Mâyâ, oasis de Kucha (Asie centrale).

forgé au XIXe siècle, par l'orientaliste F. von Richthofen), une autre denrée, infiniment plus précieuse, allait traverser les cols du Pamir et du Karakoram : le bouddhisme et ses pacifiques préceptes.

Partis de Chine ou de Corée pour rejoindre les terres sacrées de cette religion née au VIe siècle avant notre ère, des pèlerins prennent bientôt en sens inverse la route des missionnaires iraniens et indiens. Et les petits États du bassin du Tarim de devenir autant d'étapes sur cette échelle de la diffusion de la Doctrine que propage une kyrielle de moines et de traducteurs.

Avec un génie local très aigu, chacune de ces oasis accueille alors, pour mieux les recréer, les apports des plus brillantes civilisations sédentaires (de l'Iran à la Chine, en passant par l'Inde des Gupta), donnant ainsi naissance à un style pourtant reconnaissable entre tous. Buddhas* du Gandhâra*, dont les cheveux bouclés et le nez droit trahissent le souvenir de lointaines influences hellénistiques, *bodhisattva** de Toumchouq dont la face lunaire s'anime d'un ineffable sourire, bannières sinisées de Dunhuang* immortalisant dans leur foi les donateurs… tous vont propager au long des monastères, des grottes et des *stûpa** l'enseignement de la Loi… BGS

STÛPA

L'édification de *stûpa* – monuments à caractère commémoratif abritant les reliques* du Buddha* ou de saints personnages – est évoquée dans la légende dorée bouddhique par l'épisode de la rencontre du Bienheureux avec les marchands Trapusha et Bhallika. À ces deux caravaniers qu'il venait de convertir à la Loi, le Buddha remit quelques-uns de ses cheveux et des rognures de ses ongles, afin que, de retour dans leur patrie, ils élèvent un *stûpa* sur ces saintes reliques. De même, relatant les funérailles du Bienheureux, les plus anciens textes bouddhiques mentionnent l'édification de *stûpa* sur ses cendres.

Bien que n'étant pas exclusivement bouddhique – on connaît des *stûpa* jaïns – le *stûpa* n'en constitue pas moins le monument par excellence du bouddhisme, attesté sous des formes parfois très diverses dans toutes les contrées où se répandit la foi bouddhique. Symbole du *Mahâparinirvâna*, ou « Totale Extinction du Bienheureux », il emprunte sa forme hémisphérique aux *tumuli* et tertres funéraires antiques. Destiné à contenir des reliques corporelles (*shârîrakadhâtu*) ou à signaler le caractère sacré du lieu où il s'élève, il présente à l'époque ancienne l'aspect d'une construction pleine et massive en brique ou en pierre, dépourvue d'ouverture, à l'intérieur de laquelle ont été scellées les reliques déposées dans de petits reliquaires. Reposant sur un soubassement (*medhî*), le dôme hémisphérique (*anda*, littéralement « œuf » en sanskrit) du *stûpa* est surmonté d'un petit édicule carré

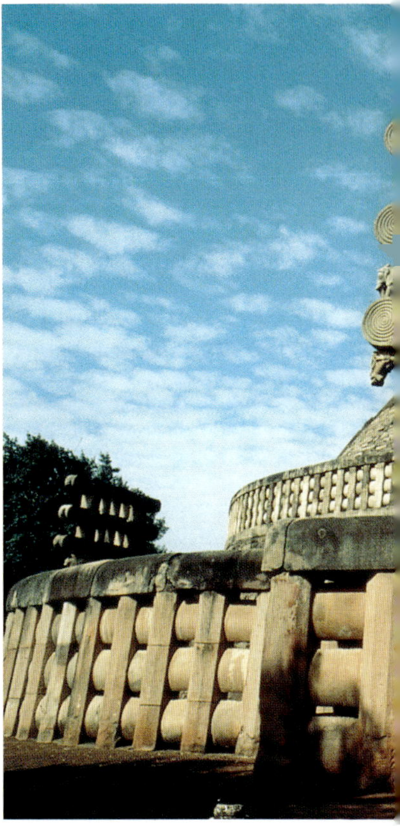

(*harmikâ*) entouré d'une balustrade communiquant avec la cavité contenant les reliques. Fichée dans l'*anda*, une hampe (*yashti*) supporte un nombre canonique de parasols (*chattra*), symboles de dignité. Une seconde balustrade (*vedikâ*) percée de portes monumentales (*torana*) orientées vers les quatre directions cardinales entoure le monument, délimitant un passage déambulatoire à l'intérieur duquel les fidèles effectuent la *pradakshinâ*, rite consistant à faire plusieurs fois le tour du monument dans le sens solaire, c'est-à-dire en le tenant à main droite (le sens

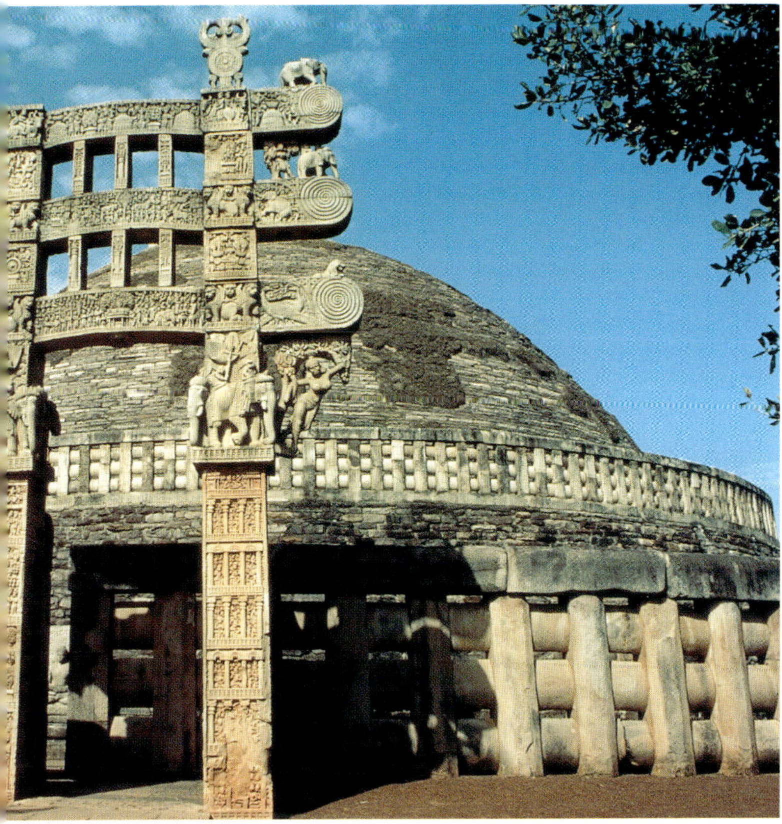

contraire, dit *prasavyâ*, étant réservé aux rites funéraires).
La construction de *stûpa* étant productrice de mérites, des *stûpa* secondaires de moindres dimensions, à caractère votif ou contenant les reliques de saints moines, étaient élevés autour du *stûpa* principal, ainsi que des monastères* (*vihâra*) et des maisons d'accueil destinées aux pèlerins. Édifice cultuel abritant des reliques, le *stûpa* est parfois désigné du terme synonyme de *dhâtu-garbha* ou « reliquaire », terme dont la contraction *dâgoba* est à l'origine du français « pagode* ». AO

Stûpa n° 1, *torana* est, Sâncî (Inde), Ier siècle av. J.-C.-Ier siècle apr. J.-C.

Sûtra

Le terme *sûtra*, littéralement « fil » en sanskrit, est le nom générique donné à des recueils didactiques constitués d'aphorismes, souvent assez brefs et parfois assortis de commentaires, qui exposent le « fil conducteur » de doctrines religieuses ou philosophiques. La littérature du bouddhisme Mahâyâna*, connue soit sous sa forme sanskrite, soit à travers des traductions chinoises et tibétaines, se compose ainsi d'une masse considérable de textes à caractère canonique et édifiant, tenus pour la parole même du Buddha* Shâkyamuni. Parmi les principaux *sûtra* mahâyâniques, le « Lotus de la Vraie Loi » (*Saddharmapundarîkasûtra*), constitue le texte canonique fondamental d'une grande partie du bouddhisme extrême-oriental. Important par son explicitation de la conception mahâyânique des *buddha* et des *bodhisattva**, ou encore du *stûpa**, il est en outre célèbre pour les nombreuses paraboles qu'il contient. La « Descente à Ceylan » (*Lankâvatâra*) tire son importance de la richesse de son contenu doctrinal. Le « Développement des jeux » (*Lalitavistara*) présente une biographie légendaire du Buddha Shâkyamuni, remaniée par des auteurs mahâyânistes. « L'Amas de joyaux » (*Ratnakûta*) et « La Guirlande des buddha » (*Buddhâvatamsaka*) sont des recueils de sermons. Enfin, les *Prajnâpâramitâsûtra*, sermons sur la « Perfection de Sapience », parfois d'une longueur démesurée, sont constitués de sermons du Buddha abordant des thèmes fondamentaux de la doctrine mahâyânique, tels que le rôle des *bodhisattva* ou la notion de vacuité* (*shûnyatâ*). AO

Tantrisme

Le terme « tantrisme » (du sanskrit *tantra* qui signifie « trame », d'où dérivent les sens de « doctrine » et de « traité enseignant cette doctrine ») a été forgé à la fin du XIXe siècle, par des orientalistes européens. Ces derniers souhaitèrent, en effet, rassembler sous cette appellation commode un certain nombre de pratiques ésotériques, pour ne pas dire répugnantes, et des spéculations, non moins étranges, associées au culte de

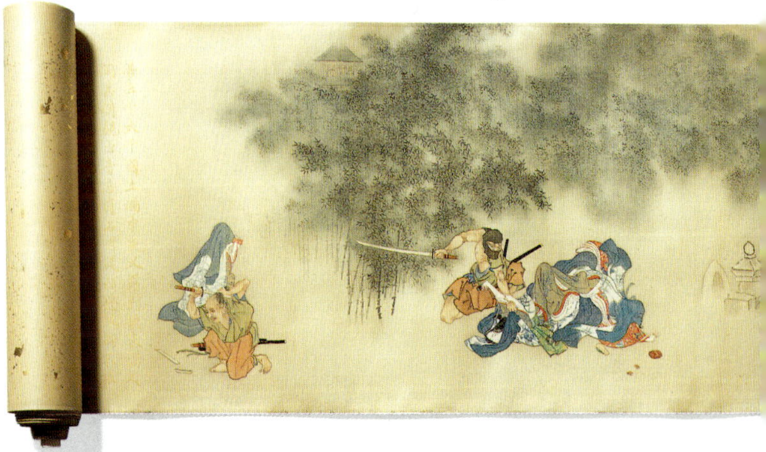

Rouleau peint du sûtra de Kannon, Japon, 1838. Soie. Paris, Bibliothèque nationale de France, Mss, or., Smith-Lesouëf japonais K. 44 (1).

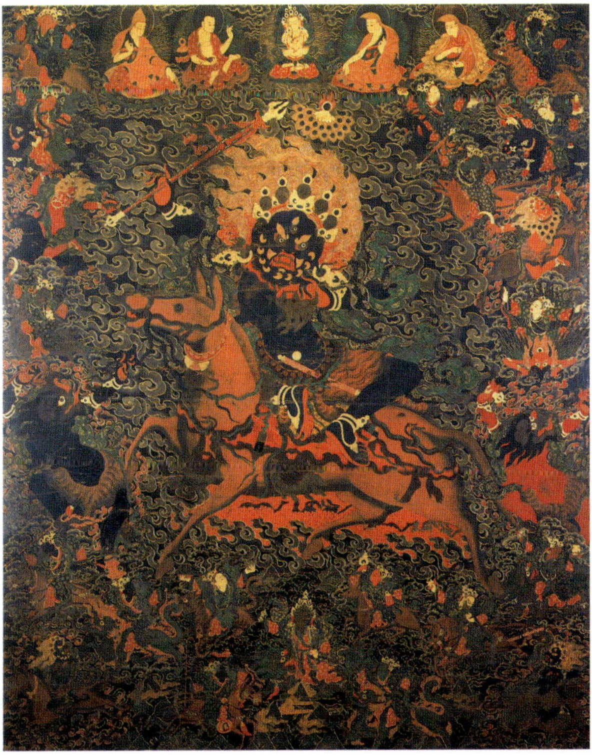

dPal-Idan Iha-mo sous son aspect Kâmadhâtvîshvarî, Tibet, première moitié du XVIIIe siècle. Détrempe sur toile. Paris, musée Guimet.

divinités multiples à l'aspect souvent effrayant. Caractérisé par un panthéon d'une rare richesse, un ritualisme volontiers macabre (voir Culte) ainsi que par des pratiques de méditation et de yoga qui lui sont propres (voir Mandala), ce phénomène religieux d'une extrême complexité a marqué de son empreinte les deux principales religions nées en Inde : l'hindouisme comme le bouddhisme.

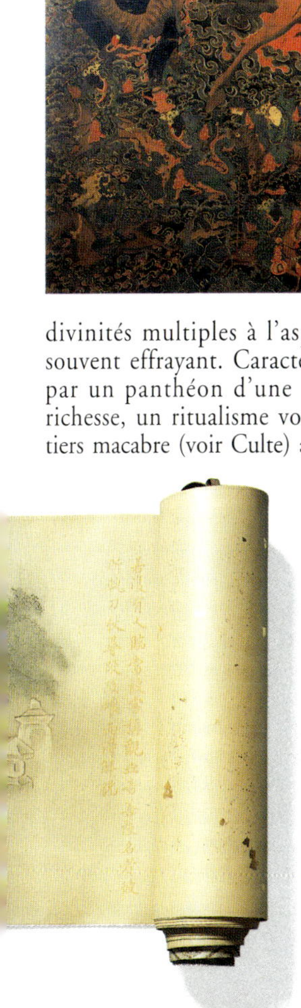

Résumer le tantrisme relève presque de la gageure tant ses manifestations « proliférantes » défient, bien souvent, les efforts de classification occidentale. Tout au plus peut-on le définir comme un ensemble de rites et de pratiques permettant à un adepte initié d'acquérir des pouvoirs surnaturels et (ou) de parvenir à une certaine forme de libération tout en restant en vie. Pour atteindre ce but, le fidèle doit se prêter à toutes sortes d'expériences corporelles,

mentales et spirituelles qui n'excluent ni la magie ni un ritualisme sexuel particulièrement obsédant.
D'une façon générale, le bouddhisme dit tantrique ne réussit pas à prendre racine en Chine, trop choquant aux yeux des puristes d'Extrême-Orient. Au contraire, le Tibet, où la doctrine de Buddha* ne pénétra guère qu'à partir du VIIIe siècle, accueillit très largement ce phénomène religieux auquel il donna une importance sans précédent. Pour résumer, tout le bouddhisme tibétain, comme celui du Bhoutan et du Népal, les deux pays voisins, est tantrique. Bien plus ! En tibétain, il n'existe même pas de terme pour désigner un « bouddhiste » à proprement parler. Une personne est ainsi qualifiée de *nang-ba*, « homme de l'intérieur », ou bien de *phyi-ba*, « homme de l'extérieur », « étranger ». C'est dire la tragédie que vit aujourd'hui l'ensemble du peuple tibétain, privé par le gouvernement de Pékin de son chef à la fois spirituel et temporel, le dalaï-lama*, quatorzième du nom… BGS

Târâ

Née, selon les légendes, d'un rayon bleu émis par un œil d'Avalokiteshvara* ou d'un lotus éclos de l'une de ses larmes, Târâ est l'une des très rares entités féminines du Mahâyâna*. Définie par certains *sûtra** comme la « Déesse Mère Salvatrice », elle partage quelques-uns de ses traits avec des divinités du panthéon hindouiste. Son culte trouve son origine en Inde à une date indéterminée ; il semble néanmoins que les premières figurations connues de Târâ datent du VIe siècle, sculptées au sein de cavernes*, telles celles d'Ellorâ. La déesse, qui devait par la suite assumer de nombreuses formes, est alors figurée sous son aspect serein, en tant que contrepartie féminine (*shakti* ou encore énergie active) du *bodhisattva** Avalokiteshvara (alors considéré comme énergie latente du principe divin). Elle est, d'une manière générale, vénérée pour ses pouvoirs salvateurs dispensés sans restriction, incarnant parfois l'essence de la dévotion amoureuse.
Si son culte s'est propagé à Java et au Japon, il ne prit toute son ampleur qu'au Tibet où les deux épouses, chinoise et népalaise, du roi Srong-btsan Sgampo étaient tenues pour des incarnations respectives de Târâ blanche et de Târâ verte. De fait, dans un contexte tantrique (voir Tantrisme), cinq Târâ de couleurs différentes sont vénérées, en association avec les « Cinq Grands Buddha* de Sagesse », revêtant des formes iconographiques complexes à multiples têtes et bras. De Târâ verte procéderaient toutes les autres, dont la Târâ jaune et la Târâ bleue, qui incarnent les aspects colériques ou féroces de la divinité. HB

Thangka

Au Tibet, tout rouleau peint porte le nom de « thang-ka », littéralement « chose que l'on déroule ». Nulle gratuité cependant dans leur élaboration. Au pays du dalaï-lama*, réaliser une peinture est un acte religieux qui doit apporter des mérites aussi bien au commanditaire qu'à l'exécutant. Chaque phase

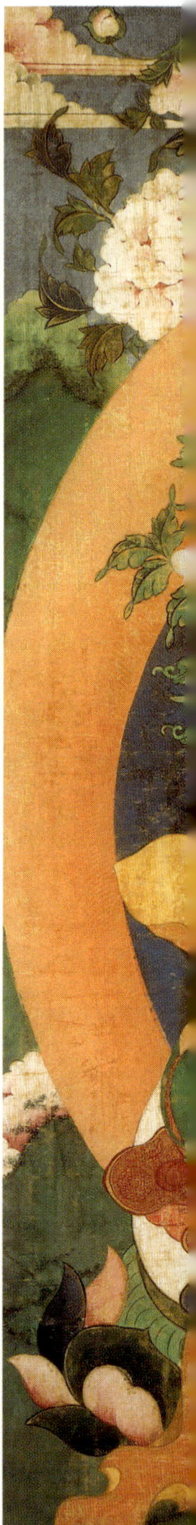

Târâ sous son aspect Shyâmâ, Mongolie intérieure (Chine septentrionale). Détrempe sur toile. Paris, musée Guimet.

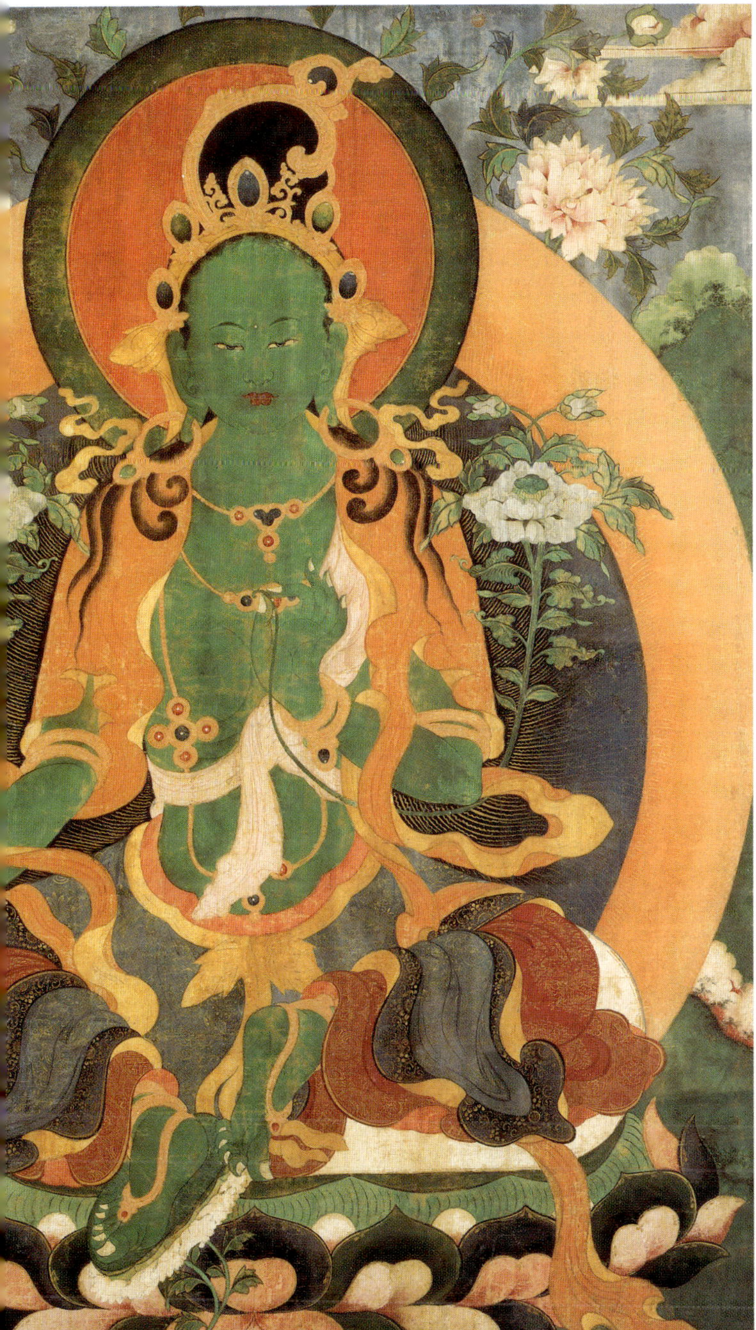

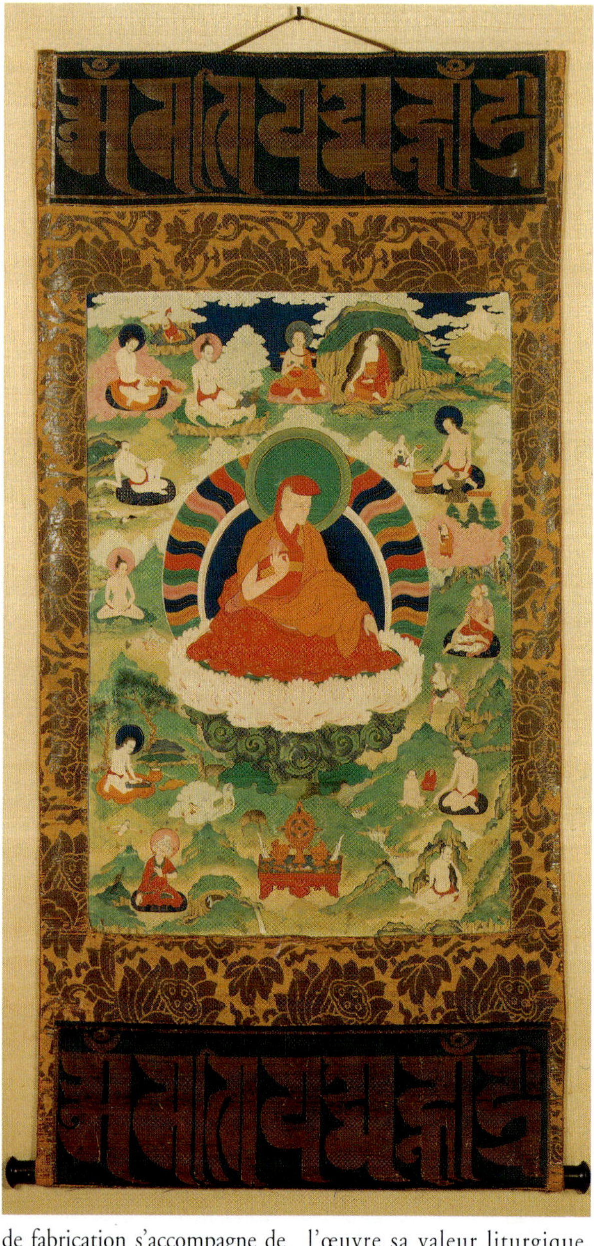

Religieux entouré de mahâsiddha, Tibet, XVIIIe siècle. Thangka. Détrempe sur toile. Paris, musée Guimet.

de fabrication s'accompagne de macérations, de prières, bref de tout un rituel qui varie en fonction de la divinité représentée. Directement inspirée des usages brahmaniques*, une cérémonie finale de consécration confère à l'œuvre sa valeur liturgique. Touche ultime, l'« ouverture des yeux » de la divinité, que le peintre figure en dernier, constitue le rite essentiel. Seules quelques pièces portent les empreintes des mains et parfois

même des pieds des maîtres spirituels particulièrement révérés…
Là encore, nulle fantaisie, nul hasard dans la composition de ces « images saintes ». Représenté en taille héroïque, le personnage principal (Buddha*, sage, chef d'école…) occupe le centre de la peinture. Les déités ou religieux secondaires sont strictement hiérarchisés tout autour. Sur les côtés, figurent les assistants du dieu ou les disciples du maître principal. Enfin, relégués dans la partie inférieure, des gardiens de la religion à la grimace apotropaïque côtoient des déités bienveillantes, apportant protection, santé et prospérité. Parmi les chefs-d'œuvre de cet art pictural, où tout caractère profane semble résolument exclu, s'imposent ces *mandala** dont l'abstraction géométrique laisse pantois d'admiration… BGS

Upanishad

Les *Upanishad* (« Traités relatifs aux équivalences ») – de même que les *Samhitâ* (« Collections », recueils d'hymnes et de prescriptions liturgiques), les *Brâhmana* (« Explications brahmaniques ») et les *Âranyaka* (« Textes de la forêt ») – constituent le Veda (le « Savoir » par excellence, ou connaissance sacrée), ensemble de textes révélés, transmis par tradition orale (*shruti*) et représentant la religion introduite par les Âryens en Inde. Cette littérature sacrée, longtemps orale, puis transcrite en sanskrit à une date plus tardive, est à la base du védisme* dont sont issus brahmanisme et hindouisme. Elle forme le fondement philosophique et religieux de toutes les doctrines de l'Inde ancienne. Généralement datées du VIe au IIIe siècle av. J.-C., les *Upanishad* védiques ou anciennes – par opposition aux *Upanishad* post-védiques, plus tardives et plus nombreuses – sont au nombre de quatorze et présentent un caractère nettement ésotérique. Conçues sous forme de dialogues philosophiques, de fables didactiques, d'aphorismes et d'énigmes, elles introduisent à une véritable « voie de la connaissance » (*jnânamârga*) salvatrice, abordant des sujets d'ordre physiologique, cosmologique, spéculatif, métaphysique, voire eschatologique. La théorie de la transmigration (*samsâra**), associée à la notion de *karman**, ou somme des actes d'une vie affectant les conditions des renaissances, qui apparaît pour la première fois dans les *Upanishad* – notamment dans la *Brihadâranyaka* et la *Kaushitaki Upanishad* – sera largement développée par le bouddhisme, dont la doctrine, toutefois, s'élaborera en réaction aux croyances orthodoxes et à la prédominance du brahmanisme. AO

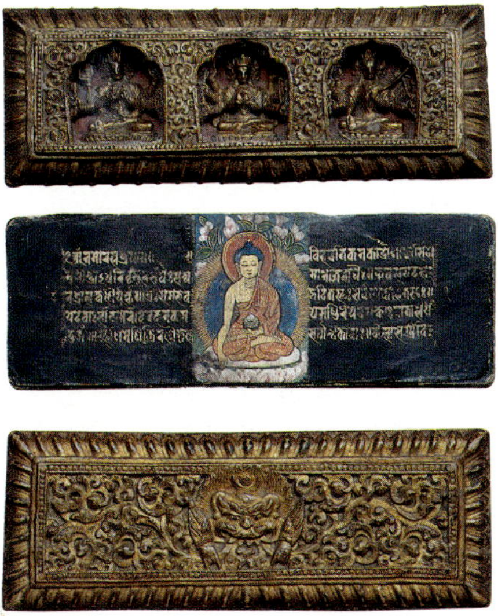

Recueil de brefs textes bouddhiques sanskrits. Écriture népalaise. Paris, Bibliothèque nationale de France, Mss, or., Sanscrit 1818.

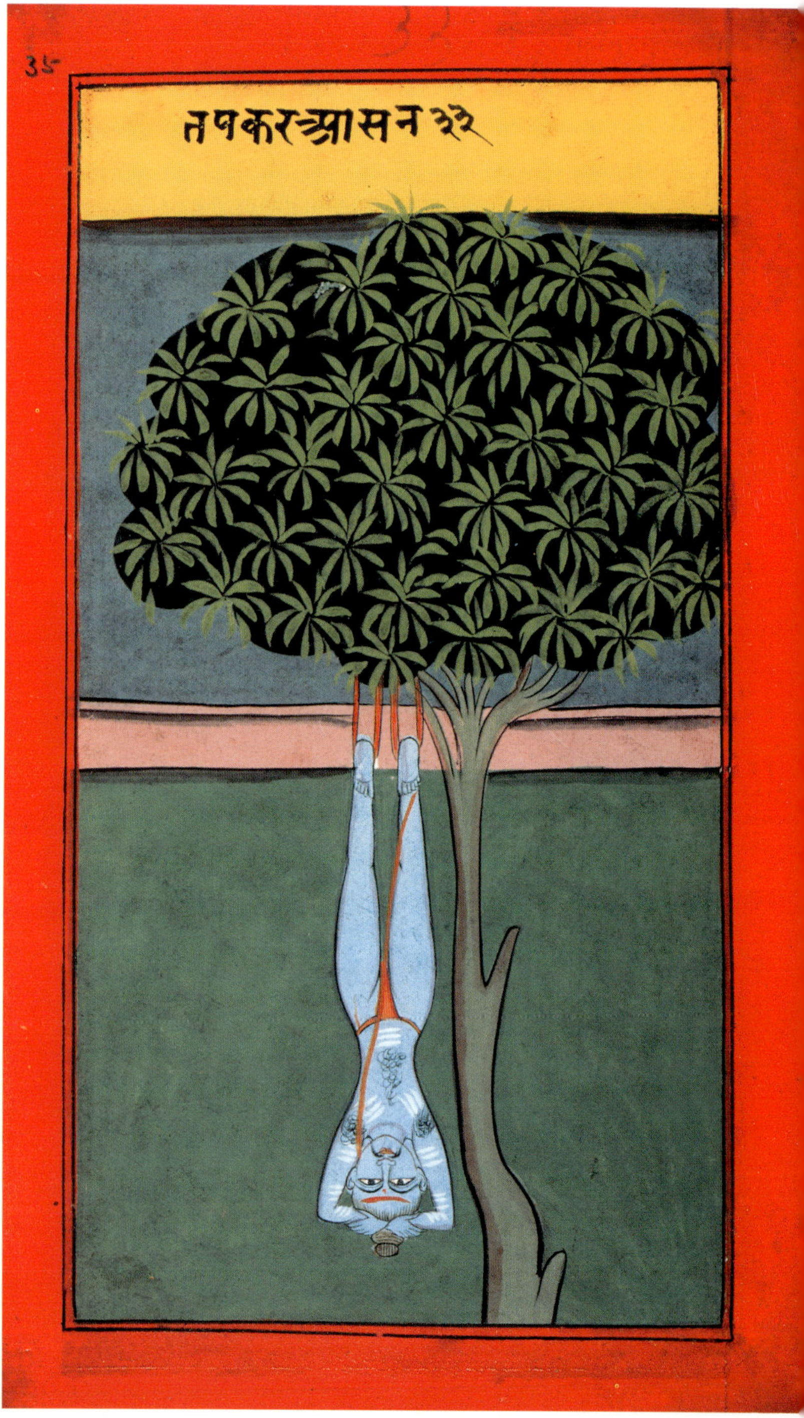
35
तपकरआसन ३२

VACUITÉ
« Dire que l'on ne peut rien dire »

Si la connaissance profonde de l'impermanence des choses avait constitué la « Voie de la Sagesse (*prajnâ*) » selon le bouddhisme du Hînayâna*, les tenants du Mahâyâna* iront plus avant dans cette vision relativiste du monde en déclarant d'emblée les choses comme « dépourvues d'être propre » (*anatta*) au regard de la vérité absolue. Cette méditation* sur la vacuité (*shûnyatâ*), qui imprègne l'ensemble de la pensée du Grand Véhicule, a été particulièrement développée dans les « Traités de Perfection de Sagesse » (*Prajnâpâramitâsûtra*). Parce qu'elle échappe aux procédés discursifs habituels de la pensée, la notion de vacuité n'est pas intellectuellement saisissable. Elle se situe dans un espace intermédiaire, qui n'est pas à proprement parler un vide ni un silence, mais plutôt un « dire que l'on ne peut rien dire », une reconnaissance de la précarité du sens et de l'irréalité des phénomènes. Cette conscience de la vacuité universelle, selon laquelle toute tentative de distinction entre les choses ou les hommes est vaine, est la voie unique vers la libération de l'illusion et vers l'Éveil.

Deux écoles indiennes du Mahâyâna ont particulièrement développé cette théorisation du concept de vacuité. La plus ancienne, systématisée au IIe ou au IIIe siècle (?) par le penseur Nâgârjuna, est l'école de la Voie du Milieu (*Mâdhyamika*). Selon une dialectique qui se tient hors des extrêmes de l'affirmation et de la négation, elle opère une destruction de toute contradiction et de la validité de toute théorie. L'école de « Rien-que-Conscience » (*Vijnânavâda*, appelée encore *Yogâcâra* d'après la pratique du yoga qui fut prônée par ses maîtres), fondée par Asanga, vise une même suppression de la pensée « dualisante ». Elle y parvient par une forme d'idéalisme philosophique selon lequel le monde, dans sa multiplicité, est irréel, les choses n'étant que le fruit de projections psychiques. Ramené à la conscience pure de la réalité suprême, le monde apparaît définitivement unifié et apaisé. HB

Yogin, pendu par les pieds à un arbre. Miniature indienne, XVIIIe siècle. Londres, British Museum.

Vajra

À l'origine arme de jet et attribut d'Indra, dieu védique de l'Orage et roi des dieux, le *vajra*, ou foudre-diamant, constitue l'un des instruments rituels les plus importants du bouddhisme tantrique (voir Tantrisme) – également appelé *vajrâyana*, « Véhicule du Diamant ». Affectant la forme d'une sorte de faisceau ou d'un petit haltère resserré en son centre et pourvu d'extrémités recourbées en griffes – généralement au nombre de cinq ou neuf –, le *vajra* est indissociable de la plupart des cérémonies et rituels tantriques. Symbolisant la Compassion, le principe masculin et les moyens (*upâya*) d'atteindre l'Éveil*, il est fréquemment associé à la clochette (*ghantâ*), laquelle représente le principe féminin et la Sapience (*prajnâ**) inhérente à l'Éveil. Ainsi certains gestes canoniques (*mudrâ*) montrant l'utilisation conjointe du foudre-diamant et de la clochette symbolisent l'union de ces deux principes complémentaires. Élevé au rang

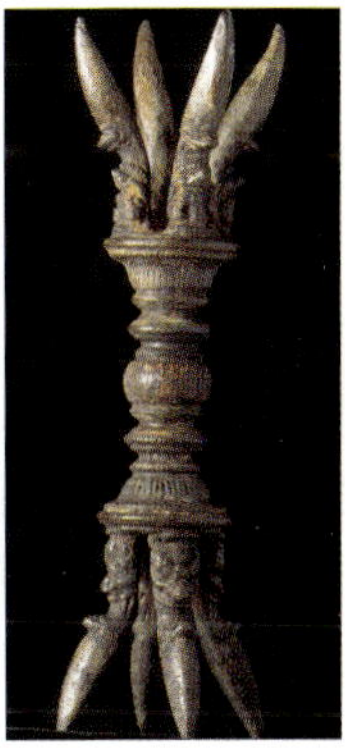

Vajra, Sra Moch (Cambodge). Bronze. Phnom Penh, Musée national.

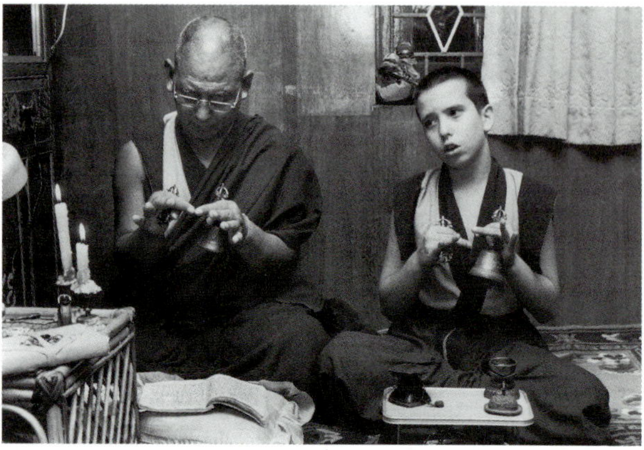

Jeune lama et son maître spirituel tibétain tenant des *ghantâ*. Monastère de Seraje, province de Karnâtaka (Inde).

d'emblème métaphysique et religieux dans le bouddhisme ésotérique, le *vajra* est également symbole de fulgurance, d'indestructibilité et d'imputrescibilité, ainsi que de la nature adamantine de l'univers. AO

Védisme et Brahmanisme

Vers 1500 avant notre ère, les Âryens – tribus de pasteurs semi-nomades d'origine indo-européenne, venus du plateau iranien – s'établissent dans le bassin de l'Indus, puis, vers 1000 avant notre ère, occupent la plaine indo-gangétique. Ils introduisent dans le sous-continent indien une structure sociale fondée sur le système des castes – les prêtres, ou brahmanes ; les guerriers, ou *kshatriya* ; les agriculteurs, ou *vaishya* ; les serviteurs, ou *shûdra* – et des traditions religieuses et culturelles dont rendent compte les quatre *Veda*, recueils d'hymnes aux divinités, de prières magiques et de formules liturgiques composés en sanskrit. Le sacrifice est alors l'acte religieux par excellence, garant de la prospérité des hommes autant que du maintien de l'harmonie universelle – le feu sacrificiel, réceptacle de

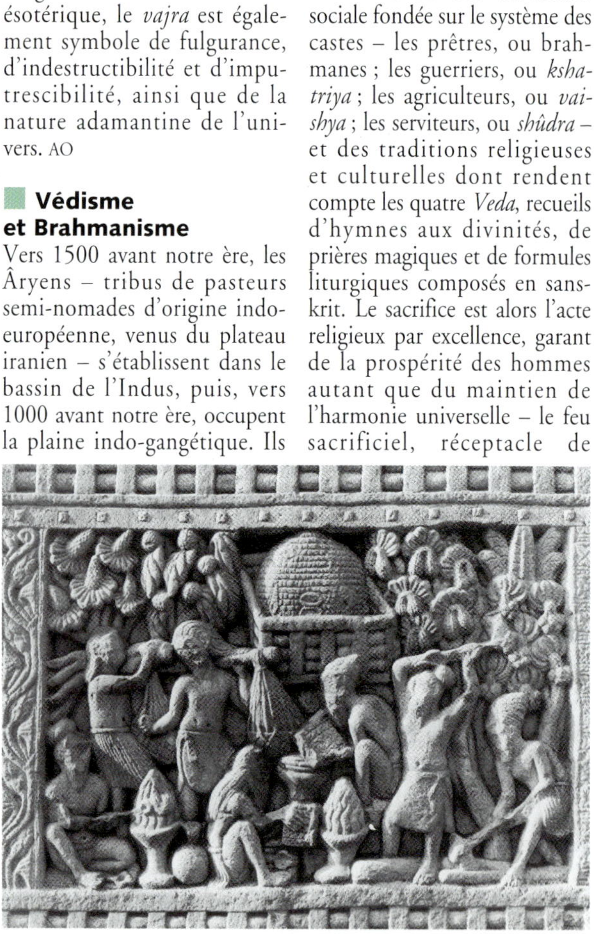

Préparation d'un sacrifice par des brahmanes. Bas-relief du *torana* sud, stûpa n° 1 de Sancî (Inde), Ier siècle av. J.-C.-Ier siècle apr. J.-C.

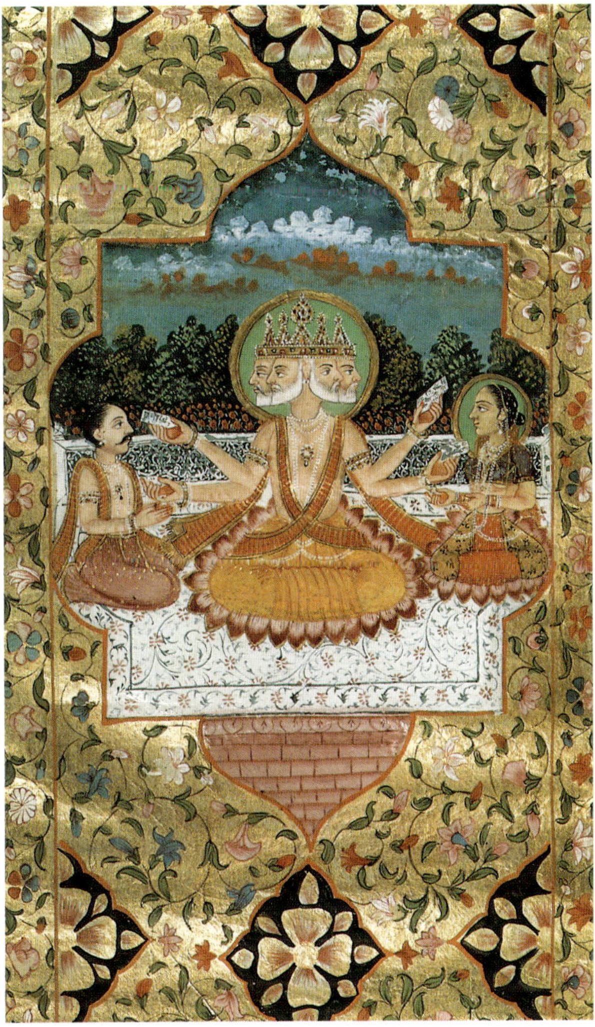

Brahmâ. Miniature extraite du *Bhâgavatapurâna.* Paris, Bibliothèque nationale de France, Mss or., Sanscrit 479.

l'offrande ou de l'oblation, agissant comme intermédiaire entre l'officiant et la divinité. En observant les rites et en accomplissant les sacrifices selon les règles prescrites, les brahmanes maintenaient l'ordre du monde, d'où la prééminence dévolue à la caste sacerdotale dès l'époque védique. Aux quatre *Veda,* qui constituent la base de la « révélation » ou *shruti,* s'ajoutèrent par la suite des textes qui les complètent et en sont l'aboutissement, les *Brâhmana,* les *Âranyaka*, les *Upanishad**, dont la composition s'échelonne du Xe au VIe siècle avant notre ère. Ces textes de caractère spéculatif, où se font jour les dogmes centraux de la pensée brahmanique, reflètent l'évolution religieuse et philosophique qui mènera du védisme au brahmanisme. Se dégageant progressivement du panthéon védique, dont ils relégueront les principaux dieux (Indra, Varuna, Agni, Sûrya, Yama...) au rang de divinités secondaires, Vishnu et Rudra-Shiva, gagnant en prestige et en popularité, s'imposeront comme les dieux suprêmes de l'hindouisme. AO

Zen. Voir Chan

v. 560-480 avant notre ère Gautama Buddha.

v. 480-475 Premier concile à Râjagriha.

v. 380-370 Deuxième concile à Vaishâlî.

v. 350 Schisme des Mahâsânghika, qui se séparent des « Anciens » ou Theravâdin.

v. 272-231 Inde : règne de l'empereur Ashoka.

v. 250 Conquête du Kalinga par Ashoka, suivie de sa conversion au bouddhisme. Troisième concile à Pâtaliputra, à la suite duquel Ashoka envoie des missionnaires bouddhistes dans diverses régions de l'Inde et à Ceylan.

v. 240 Implantation du bouddhisme à Ceylan.

Du IIIe siècle avant notre ère au Ier siècle de notre ère. Rédaction du Canon pâli : *Tipitaka*, les « Trois Corbeilles ».

v. 168-145 Punjâb : règne de Ménandre (Milinda), souverain indo-grec. *Milindapanha*, « Questions de Milinda ».

v. 35-32 Fixation par écrit du Canon pâli à Ceylan.

Fin du Ier siècle avant notre ère Débuts du Mahâyâna.

Ier siècle de notre ère Premiers *Prajnâpâramitâsûtra*, *sûtra* sur la « Perfection de Sapience ».

Entre 128 et 151 Concile (peut-être légendaire) au Cachemire. Fixation de l'*Abhidhammapitaka* ou « Corbeille du retour technique sur la Loi » des Sarvâstivâdin.

IIe siècle Période de diffusion du bouddhisme, notamment vers l'Asie centrale et la Chine. *Saddharmapundarîkasûtra*, « Sûtra du Lotus de la Vraie Loi ».

IIIe siècle Apparition des premières *dhâranî*, ou formules magiques annonçant les doctrines tantriques ultérieures.
Début de l'implantation du bouddhisme au Cambodge, au Champa et en Indonésie.

v. 250-300 Inde : Nâgârjuna fonde l'école Mâdhyamika (école de la Voie du Milieu).

v. 320-550 Dynastie des Gupta en Inde.

Fin du IVe siècle Inde : Asanga fonde l'école Yogâchâra ou Vijnânavâda (école de « Rien-que-Conscience »).

344-413 Kumarajîva, traducteur indien de l'école Mâdhyamika, est en Chine.

399-413 Voyage du pèlerin chinois Faxian en Inde.

Fin du IVe-début du Ve siècle Des missionnaires chinois introduisent le bouddhisme en Corée.
Début de l'implantation du bouddhisme Theravâda en Birmanie.
En Chine, début du culte d'Amitâbha.

v. 440 Fondation du monastère et université bouddhique de Nâlandâ (Inde).

Seconde moitié du Ve siècle Invasion des Huns en Inde. Destruction de nombreux monastères.

Fin du Ve-début du VIe siècle Arrivée présumée de Bodhidharma en Chine.

538 ou 552 Date officielle de l'introduction du bouddhisme au Japon par des moines coréens.

VIe-VIIe siècle Grandes écoles chinoises : Tiantai, Huayan et Chan.
Introduction du Mahâyâna en Birmanie (?).

618-907 Chine : dynastie des Tang.

630-645 Voyage en Inde du pèlerin chinois Xuanzang.

L O G I E

Milieu du VIIe siècle Introduction du bouddhisme au Tibet.

Fin du VIIe-début du VIIIe siècle Développement du bouddhisme *vajrayâna* (tantrique). Introduction du tantrisme en Chine.

736 Japon : fondation de la secte Kegon.

Seconde moitié du VIIIe siècle Sous l'impulsion du grand religieux Padmasambhava, le Tibet adopte officiellement le bouddhisme.

Fin du VIIIe-début du IXe siècle Traduction d'une grande partie du Canon bouddhique en tibétain.

v. 800 Fondation du monastère de Vikramashîla (Inde), foyer du bouddhisme tantrique.

805 et 807 Japon : fondation des sectes Tendai et Shingon.

845 Proscription passagère du bouddhisme en Chine.

Début du XIe siècle Deuxième propagation du bouddhisme au Tibet : Atîsha (982-1054) fonde l'ordre des Kadampa.

Milieu du XIe siècle Conversion de la Birmanie au bouddhisme Theravâda.

Fin du XIe-début du XIIe siècle Tibet : l'ascète et poète Milarepa (1040-1123) serait à l'origine du lamaïsme.

1197-1198 Destruction par les musulmans des universités bouddhiques de Nâlandâ et Vikramashîla.

XIIe-XIIIe siècle Disparition progressive du bouddhisme en Inde, consécutive aux invasions musulmanes.
Japon : fondation des sectes Zen et Terre Pure.

Fin du XIIIe siècle Le Siam (Thaïlande) adopte le bouddhisme Theravâda.

XIVe siècle Introduction du bouddhisme Theravâda au Cambodge et au Laos.
Le Canon tibétain est traduit en mongol.

1357-1419 Tsongkhapa, « réformateur » du bouddhisme tibétain, fonde l'ordre des Gelugpa.

XVIe siècle Conversion des Mongols au bouddhisme tibétain.

1959 Écrasement de la révolte nationale tibétaine. Le 14e dalaï-lama s'enfuit en Inde.

Chronologie établie d'après Lilian Silburn.

BIBLIOGRAPHIE SÉLECTIVE

Rahula Walpola, *L'Enseignement du Bouddha d'après les textes les plus anciens.*

Henri Arvon, *Le Bouddhisme*, Paris, Presses universitaires de France, 1951.

Étienne Lamotte, *Histoire du bouddhisme indien, des origines à l'ère Shaka*, Louvain, Université de Louvain, Institut Orientaliste, 1958.

André Bareau, *Bouddha*, Paris, Seghers, 1962.

Jean Naudou, *Le Bouddha*, Paris, Somogy, 1973.

André Bareau, *En suivant Bouddha*, Paris, éd. Philippe Lebaud, 1985.

Louis Renou et Jean Filliozat, *L'Inde classique. Manuel des études indiennes*, Paris, Adrien Maisonneuve, rééd. , 1985, 2 t.

Bernard Frank, *Le Panthéon bouddhique au Japon : collections d'Émile Guimet*, Paris, Réunion des musées nationaux, 1991.

Jean Boisselier, *La Sagesse du Bouddha*, Paris, Découvertes Gallimard, 1993.

Sérinde, Terre de Bouddha - Dix siècles d'art sur la route de la soie, Paris, Réunion des musées nationaux, 1995.

Nara, trésors bouddhiques du Japon ancien. Le temple du Kofukuji (collaboration de J.N. Robert : « Le Bouddhisme au Japon »), Paris, Réunion des musées nationaux, 1997.

Lilian Silburn (sous la dir. de), *Aux sources du bouddhisme*, Paris, Fayard, 1997.

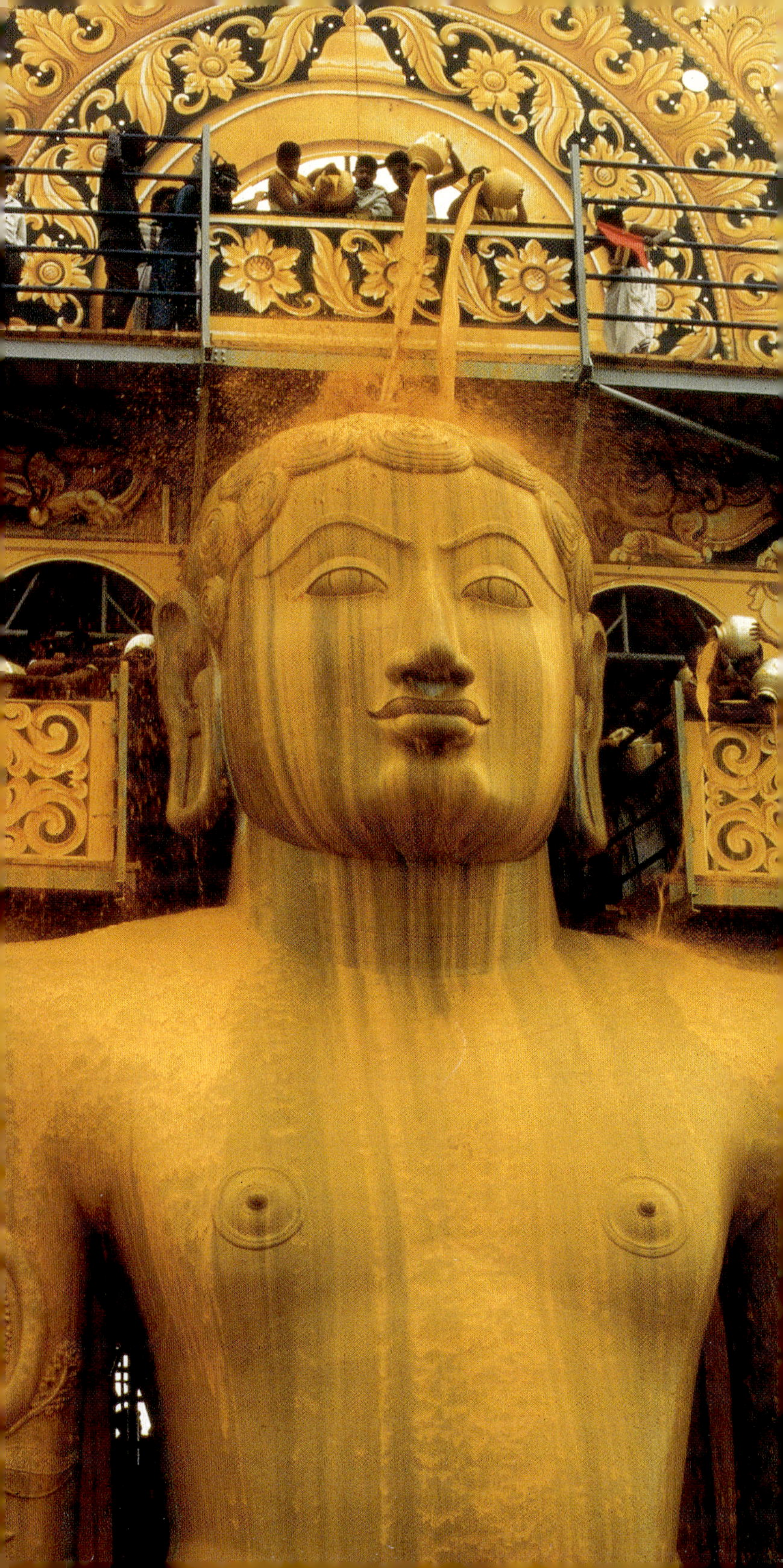

INDEX

Crédits photographiques : BANGKOK, Musée national 23 ; PARIS, G. Annequin 38, 64-65 ; Bibliothèque nationale de France 22, 93, 106, 111, 115 ; Cosmos/Brian Vikander 94-95 ; Dagli Orti 45, 112 ; documentation du musée Guimet 33, 39, 85, 101 ; archives Flammarion 6, 31, 40, 50, 51, 74, 81, 99, 114b ; Hoa Qui /P. de Wilde 34, 54-55 /C. Boisvieux 35, 44, 75 /Bruno Perousse 79, 96-97 ; Magnum /Harry Gruyaert 4-5 /Erich Lessing 15 /Bruno Barbey 17, 21, 41, 76-77, 78, 88-89 /Eve Arnold 18 /Carl de Keyzer 24-25 /Marc Riboud 47 /Raghu Rai 48, 57, 118 /Abbas 71 /Martine Franck 73, 114h ; Jean-Louis Nou 26, 28, 68, 104-105 ; Réunion des musées nationaux 8-9, 11, 12, 13, 29, 30, 32, 37, 42, 46h, 46b, 49, 53, 56, 58, 60, 61, 62, 63, 67, 69, 70h, 82, 83, 84, 87, 91, 92, 98, 102, 103, 107h, 109, 110, 113 ; PÉKIN, musée Gugong/Liu Zhigang 19 .

Série Histoire et Religions
Directrice d'ouvrage : Bérénice GEOFFROY-SCHNEITER
Coordination éditoriale : Béatrice PETIT
Lecture et corrections : Catherine BRAY
Direction artistique : Frédéric CÉLESTIN
Fabrication : Claude BLUMENTAL
Photogravure : Pollina s.a., Luçon
Flashage : Pollina s.a., Luçon
Papier : Technogloss 135 g distribué par Fargeas, Paris
Papier de couverture : Carte Gemini 250 g distribuée par Axe Papier, Champigny-sur-Marne
Couverture imprimée par Pollina s.a., Luçon
Achevé d'imprimer et broché en février 2000 par Pollina s.a., Luçon

ISBN : 2-08-012659-8
ISSN : 1281-4148
N° d'édition : FA 265901
N° d'impression : 79144
Dépôt légal : mars 2000

Imprimé en France

Pages 4-5 : Femme en prière, delta du Mekong (Vietnam).
Page 118 : Purification de la statue de Bâhubalî par des ablutions, Mysore (Inde).